中国财政发展协同创新中心2014年重大协同创新任务

"应对重大国家安全挑战背景下国防经费与国防经济系列理论与现实问题研究"支持项目

国家社会科学基金"军事实力的测度、国际比较与经济增长研究"（11CGJ027）支持

中央财经大学双一流和特色发展引导专项经费支持项目

"十二五" 国家重点图书出版规划项目

国防经济学系列丛书

博士文库

国防经济学系列丛书

编辑委员会

"十二五"国家重点图书出版规划项目

国防经济学系列丛书·博士文库

军事资本
——模型、方法与测度

闫仲勇　陈　波　著

中国财经出版传媒集团

经济科学出版社

Economic Science Press

总　序

兵者，国之大事，死生之地，存亡之道，不可不察也！国防经济学起于战争实践，又与人类的和平与发展息息相关，这些年取得了飞速发展。为全面、系统反映国防经济学发展全貌与演进，总结挖掘国防经济实践成果，展示现代国防经济学发展方向，我们组织编写了这套《国防经济学系列丛书》。

《国防经济学系列丛书》包括四个子系列：（1）国防经济学核心教材；（2）国防经济学学术文库；（3）国防经济学精品译库；（4）国防经济学博士文库。重点展示国防经济学领域学者在一般性基础理论和方法研究、国家战略层面对策研究，以及面向现实的重大应用研究等方面的研究成果。丛书选题涵盖经济与安全、战略与政治、国防与和平经济、国防财政、国防工业、国防采办、国民经济动员等相关领域，既包括国防经济学领域的基本理论和方法介绍，如《国防经济学》、《国防经济思想史》等；也包括对一些国家或领域国防经济情况的专门介绍，如《美国国防预算》、《国防财政学》等；还包括对国际国防经济学领域研究最新发展情况的介绍，如《国防经济学前沿专题》、《冲突经济学原理》等。

《国防经济学系列丛书》瞄准本领域前沿研究领域，秉承兼容并蓄之态度，建立开放性运行机制，不断补充新的选题，努力推出中国一流国防经济学者在本领域的教学、科研成果，并希望通过借鉴、学习国际国防经济学发展的先进经验和优秀成果，进一步推动我国国防经济学研究的现代化和规范化，力争在一个不太长的时间内，在研究范围、研究内容、研究方法、分析技术等方面使中国国防经济学在研究的"广度"和"深度"上都能有一个大的提升。

在"十二五"国家重点图书出版规划项目支持下，本套丛书由中央财经大学国防经济与管理研究院发起筹备并组织编辑出版，该院组成了由国内外相关高校、科研机构和实际工作部门的一流专家学者组成的编辑委员会，参与编审、写作和翻译工作的除来自中央财经大学国防经济与管理研究院、中国金融发展研究院、中国经济与管理研究院、政府管理学院、经济学院、财政学院等教学科研单位的一批优秀中青年学者外，还有来自清华大学、北京大学、中国人民大学、复旦大学、南开大学、北京理工大学、军事科学院、国防大学、国防科技大学、后勤学院、军事经济学院、海军工程大学、中国国防科技信息中心等国内国防经济与相关领域教学与研究重镇的一批优秀学者。经济科学出版社积极支持丛书的编辑出版工作，剑桥大学出版社等也积极支持并参与部分图书的出版工作。

海纳百川，有容乃大。让我们携起手来，为推动中国与国际国防经济学界的交流、对话，为推进中国国防经济学教育与研究的大发展而贡献我们的智慧、才华与不懈的努力！

是为序。

翟 钢 陈 波

2010 年 6 月于北京

前　言

　　"富国"和"强军"已经成为建设中国特色社会主义的两大基石。只"强军"而不"富国"必然使建设中国特色社会主义成为无源之水，只"富国"而不"强军"也必然要葬送中国特色社会主义。富国是强军的基础，是发展中国特色社会主义的战略重心。强军是富国的保障，是发展中国特色社会主义的战略支撑。我国要建设中国特色社会主义，要全面建成小康社会，实现中国民族伟大复兴的中国梦，既要有作为基础的强大经济实力，也要有作为保障的强大的军事实力。

　　毋庸置疑，改革开放以来，我国社会财富这个"蛋糕"不断在做大，当前我国的经济总量已经跃居世界第二，从而为解决前进中的矛盾和问题，实现由大国向富国、强国的新飞跃提供了重要的物质基础。但是我国的军事实力到底如何？我国的军事实力在国际中处于什么地位，能否为我国经济发展提供安全保障，又是否对其他国家产生威胁？这些问题的回答均需要对军事实力进行准确度量。因而如何衡量一国的军事实力便成为了一个具有重大现实意义的课题。然而，关于我国军事实力众说纷纭，其中的关键就在于我们无法准确给出军事实力的具体数据。

　　为了能够准确测度出军事实力的数据，本书基于军事资本的角度提出了以下研究思路：在提出研究主题之后，对已有的文献进行综述，讨论了象征军事力量的军事资本的概念，并对军事资本测度的理论与方法以及军事资本积累与经济增长的理论和实证分析进行了梳理，阐述了永续盘存法在测算资本中的应用，并采用永续盘存法对我国与其他相关国家或地区的军事资本进行了科学测算，同时分析了我国军事实力在国际中的地位，利用测度出的军事资本数据对世界主要国家或地区间的军备竞赛问题进行了实证分析。最后实证分析了我国军事资本与经济

— 1 —

实力之间的关系。全书分 8 章对军事资本进行研究。

第 1 章为"导论"部分。该章首先对选题背景和研究意义进行了阐述；其次说明了本书的研究思路和方法；界定了资本、资本积累、军事资本以及军事资本积累等相关概念；最后阐述了本书的创新之处。

第 2 章为"军事资本：文献综述"。该章阐述了军事资本测度的理论和方法以及军事资本积累与经济增长的关系。在这一部分，首先对军事资本测度的各种理论和方法进行了综述；其次对资本积累、军事资本积累与经济增长的文献进行了综述。

第 3 章为"军事资本：形成机制分析"。该章从储蓄供给、军事投资需求与储蓄转化为军事投资的形式与渠道三个方面分析了军事资本的形成机制，并分析了影响军事资本形成机制和规模的因素，提出了改善军事资本形成机制的措施。

第 4 章为"军事资本的测度：模型与方法"，该章是本书测算军事资本的理论基础。讨论了资本测算的永续盘存法，阐述了测算资本的相对效率模式，在不同的相对效率模式下推导出测算资本的不同公式，并总结了采用永续盘存法测算资本的步骤。

第 5 章是"军事资本的测度"。本章运用第 4 章中的永续盘存法理论，按照测算军事资本的要求，得到测算军事资本的步骤，并根据中国的有关数据和实际情况，得出应用永续盘存法测算我国军事资本的各种参数，进而测度出我国 1952～2013 年的军事资本数据。

第 6 章为"军事资本：国际比较与军备竞赛"。该章回答了我国军事力量在国际中的地位以及各国或地区间是否存在军备竞赛的问题。首先，采用斯德哥尔摩国际和平研究所的数据，利用永续盘存法测算出中、美、日、印、俄和中国台湾的军事资本数据。其次，分析了我国军事资本以及士均军事资本（每个军人所拥有的军事资本）在国际中的水平。最后，利用得到的军事资本的数据，分析了中、美、日、印、俄和中国台湾之间的军备竞赛情况。

第 7 章为"军事资本与经济增长"。这一章主要从协整检验、格兰杰因果检验、军事资本对经济增长贡献、军事资本与经济增长的周期波动、军事资本在经济增长中的效率等几个方面分析了军事资本与经济增长之间的关系。

第 8 章为"结论和政策建议"。在前 7 章分析的基础上，得出本书的主要结论，根据这些结论提出发展我国军事资本的相关政策建议。

目　录

第 *1* 章 导 论

1.1 选题背景和研究意义

1.1.1 选题背景

党的十六大以后，党中央把国防建设与经济建设的协调发展纳入更高层次的全面、协调、可持续的发展指导思想之中。党的十七大报告指出，统筹经济建设与国防建设的关系，在全面建设小康社会进程中实现富国与强兵的统一。十八大以来，以习近平同志为总书记的新一届中央领导集体科学谋划富国和强军两大战略性任务，指出要实现中华民族伟大复兴，必须坚持富国和强军相统一，努力建设巩固国防和强大军队。经济建设与国防建设协调发展，是我国发展中的一个重大关系，对国家安全与经济社会发展具有全面而长远的意义。

从国内背景来看，我国陆地边界长达2.2万多公里、大陆海岸线1.8万多公里。另外，我国有500平方米以上的岛屿6500多个，岛屿岸线1.4万多公里。[①]可以说我国是世界上陆地边界最长、邻国最多、跨界民族众多的国家，这就使得我国的周边安全环境十分复杂，历史遗留的领土和领海争端问题较多，海洋权益遭受侵犯时有发生，加之国内"台独"、"藏独"、"东突"等顽固势力的破坏，这些都成为阻碍我国经济发展的不确定因素。与此同时，近几年我国重大自然灾害、安全事故和公共卫生事件频发，影响我国社会和谐稳定的因素不断增加。由

---

① 中华人民共和国国务院新闻办公室.《中国武装力量的多样化运用》白皮书［M］.北京：人民出版社，2013.

此可见，中国武装力量对陆地边界和管辖海域实施防卫、管辖，维护边海防安全和国内安全的任务复杂繁重。这就迫切建设一支能够保证经济发展的国防力量。也正是基于这样的国内背景，本书提出研究我国军事力量与经济实力之间的关系。

从国际背景来看，尽管和平、发展、合作仍是时代的主题，尽管我国一直向世界主张我国走和平发展道路，但目前影响我国和平发展的国际因素仍然有很多，世界仍然很不安宁。霸权主义、强权政治和新干涉主义有所上升，局部动荡频繁发生，热点问题此起彼伏，传统与非传统安全挑战交织互动，国际军事领域竞争日趋激烈，国际安全问题的突发性、关联性、综合性明显上升。亚太地区日益成为世界经济发展和大国战略博弈的重要舞台，美国调整亚太安全战略，地区格局深刻调整。有的国家深化亚太军事同盟，频繁制造地区紧张局势。个别邻国在涉及中国领土主权和海洋权益上采取使问题复杂化、扩大化的举动，日本在钓鱼岛问题上制造事端。恐怖主义、分裂主义、极端主义"三股势力"威胁上升。机械化战争形态向信息化战争形态加速演变，主要国家大力发展军事高新技术，抢占太空、网络空间等国际竞争战略制高点。[①] 一些国家出于意识形态和自身利益等方面的需要，总是千方百计地试图阻止我国前进的步伐。特别是随着经济全球化进程的加快和我国对外开放程度的进一步加大，我国在全球范围的战略利益不断拓展，利用国际市场、国际资源的安全要求也越来越高。而有些国家正是看到我国这种"走出去"的需求，通过贸易壁垒、反倾销等手段意图遏制我国经济的发展。面对这样复杂而又多变的外部发展环境，走和平发展的道路，实现中国民族伟大复兴的中国梦，必须统筹国防建设和经济建设协调发展，建设一支与我国国际地位相适应的强大军力，为和平发展提供可靠的安全保障。正是基于这样的国际背景，本书才要研究我国军事力量在国际中的地位。

1.1.2　研究意义

1.1.2.1　理论意义

对军事资本的测度以及军事资本与经济增长关系的研究具有重要的理论创新

① 中华人民共和国国务院新闻办公室.《中国武装力量的多样化运用》白皮书［M］. 北京：人民出版社，2013.

意义，主要体现在以下几个方面：

第一，运用永续盘存法对军事资本测度丰富了永续盘存法的理论和应用范围。军事资本不同于一般的资本，在运用永续盘存法对军事资本进行测度时，需要根据军事资本的特点对永续盘存法进行适当改进。例如，运用永续盘存法测度军事资本时，需要确定军事投资，而军事投资不同于一般投资，无法获取军事投资的数据。因此，在测算军事资本之前，需要根据军费支出确定军事投资的比例，这与一般的资本测算步骤不同。另外，在确定军事资本的折旧率、基期军事资本存量方面也需要根据军事资产的情况进行适当调整。

第二，军事资本的测度区分了军事资本和非军事资本，为分别研究军事资本与非军事资本在经济增长中的作用提供了基础。以往的研究没有区分军事资本和非军事资本，只是把总资本作为一种生产要素，研究总资本在经济增长中的作用。军事资本在经济增长中的作用很难确定，可能会促进经济增长也可能会阻碍经济增长，而非军事资本一般会促进经济的增长。通过区分军事资本和非军事资本，不仅能够明确军事资本在经济增长中的作用，也可以使非军事资本在经济增长中的作用更加精确，这些都丰富了资本在经济增长中的作用。

第三，将军事资本应用到军备竞赛之中，充实了军备竞赛理论。在研究军备竞赛时，一般采用武器装备或者军费开支等变量代替一国的军备。很少有人从军事资本的角度研究军备竞赛。与武器装备和军费开支相比，军事资本更能代表一国的军备状况。利用军事资本研究军备竞赛，不仅充实了军备竞赛的理论，也使得出的结论更具说服力。

1.1.2.2 现实意义

研究军事资本不仅具有重要的理论意义，而且具有很强的现实意义。

首先，对军事资本的测度可以确定一国的军事实力。一个国家是否强大，其主要标志是综合国力；一个国家的国防是否牢固，主要看该国的军事实力。因而如何衡量一国的军事实力便成了一个具有重大现实意义的课题。为此，世界许多机构和公司对军事实力进行了分析，例如英国的《简氏防务周刊》、美国的《国际防务周刊》、兰德公司等，在国内也有许多知名机构和学者对相关国家的军事实力进行了评估。

2006 年版的美国《国防防务周刊》报道称，美国军事实力总体实力排名世界第一，俄罗斯第二，中国第三。文章解释说：中国在战争动员机制上，超过世界上任何一个国家。中国可以在短时间内，募集到超过一千万的具有良好素质的优秀兵员。

2008 年英国《简氏防务周刊》公布了 2008 年世界军事实力排名，认为美国排名第一，主要因其军事科技和军费开支均居世界第一，是世界军事理论变革的领头羊；中国排第四，《简氏防务周刊》认为，中国之所以位居第四，是因为中国决策层逐步加大军费投入，引进大量先进的军事技术和装备，并且成果显著。而此后美国兰德公司向美国防部提交的报告却称，中国军事实力世界第八。

兰德公司认为军队的信息化程度决定信息化战争的胜负，而中国军队的信息化程度在全球的排名仅为第 24 名，远不如大多数发达国家，但考虑到核武器和核潜艇等其他因素，中国的军事实力勉强能排到世界第八。

2014 年国际军控及裁军组织发布的世界最新军事实力排名我国排在第三位。该组织认为中国陆军在坦克、火炮、装甲车辆、枪支、各种侦察仪器等方面已进入世界一流水平行列，但普及率不到一半，其高科技装备占全军的比重少于欧美国家，但综合战力并不逊色；俄罗斯排在第二位，俄罗斯陆军曾是历史上最为强大的陆军，现在缩减了很多。坦克从高峰时的 5 万余辆，减至目前的 1 万辆左右，但都是 T-72 以上级别的型号。美军现役总兵力约 143.9 万人，陆军兵力 49 万人，空军现役兵力 38.26 万人，编有空中作战司令部和空中机动司令部。编有 5 个舰队，还设有海军运输司令部，其军事实力位居世界第一。

在国内，中国资深军事评论员张召忠则认为：2008 年，就核武器而言，中国军事实力名列世界前五位；就潜艇兵力而言，中国军事实力名列世界前两位；就水面舰艇而言，中国军事实力名列前八位；就作战飞机而言，中国军事实力名列世界前四位；就坦克装甲车辆和轻武器而言，中国军事实力名列世界第一位。

然而，无论是国内还是国外，相关研究多数是从国防支出或者某几种单独的武器或者从海陆空人员数量对一国的军事实力进行评估排名的。由于缺乏准确衡量军事实力的统一标准，到目前为止，各国军事实力众说纷纭，无法对各国的总体军事实力进行比较，更不能准确指出各国军事实力在国际中的地位。而军事资本能从总体上反映军事实力，是一国军事实力的象征，可以作为衡量军事实力的标准，所以对军事资本进行测度就成为研究军事实力的关键所在。通过研究军事资本，可以明确一国的军事实力，认清该国军事实力在国际中所处的地位，明确在当今世界形势下是否增加军事投资以确保经济增长的安全环境。

其次，在确定了军事资本之后，可利用军事资本的数据分析军备竞赛。军备竞赛问题一直是国防经济学的研究热点问题，各国或各联盟之间是否会在军事实力方面相互竞争，持续增加军事资本存量。倘若存在军备竞赛，这种竞赛会一直持续下去并最终爆发战争还是会在某一点达到稳定状态。以上问题可以利用军事资本数据研究军备竞赛模型得到回答。

最后，通过实证分析军事资本在经济增长中的作用，为是否增加军事投资提供依据。军事实力可以对经济增长产生正向溢出效应。一方面，军事实力能够为国家经济发展提供稳定的社会环境，保证国内法律和秩序的正常运行以及经济发展的有序运转，为经济发展提供安全环境。另一方面，在军事资本形成的过程中，军事部门会增加对民用部门的需求，为民用部门提供更多的就业机会。当然，军事实力的提升也会对经济增长产生负外部性，军事投资支出的增加会减少同等数额的民用投资支出。军事投资主要用于枪炮、军舰、导弹和坦克"非生产性"的国防产品上，这些产品无助于消费，更重要的是军事投资挤占了更多的民用投资，进而会产生较大的机会成本，对经济增长是有害的。从理论上讲，军事实力可能促进也可能阻碍经济增长，而通过实证分析可以判断军事实力是促进还是阻碍经济的增长，并能进一步分析军事资本对经济增长的贡献。

1.2　研究思路和方法

1.2.1　研究思路

本书的研究思路如下：在提出研究的主题之后，对已有的相关文献进行了综述，分析了现有研究中军事资本测度存在的不足，严格按照永续盘存法对军事资本进行了测算，利用测算出的数据分析了军备竞赛问题以及军事资本在经济增长中的作用，最后得出研究结论和政策建议。

首先，提出了军事资本测度的问题。目前有关我国军事资本的研究要么只是从简单的武器装备，要么只是从军费的数量和军队人数和质量方面进行研究，对我国整体军事资本的研究还很欠缺，只有查尔斯·沃尔夫（Charles Wolf，1989，1995，2000）、胡鞍钢（2003）等人运用永续盘存法从军事资本的角度研究了我国军事资本。查尔斯·沃尔夫等人对中国、印度、韩国、中国台湾、美国等1994～2015年国防资本长期趋势的估算，旨在为美国国防部提供战略分析，缺乏对中国国防战略的具体分析，严重高估了中国国防支出在 GDP 中的比重，进而高估了中国军事资本存量。胡鞍钢虽然考虑到了这些情况，但由于和查尔斯·沃尔夫一样，胡鞍钢在采用永续盘存方法测量军事资本存量时没有说明永续盘存法的原理，只是借用了资本存量测算的公式，没有区分重置率和折旧率，从而导致了在测算过程中出现了一些问题。为此，很有必要阐述永续盘存法的原理及其在测量中国军事资本的应用，并运用永续盘存法重新对我国军事资本进行合理测度。

其次，详细阐述了资本测算的永续盘存法，并重点介绍了相对效率的递减模式，在不同模式下推导出不同的测算资本存量的公式。

再次，在确定了国防支出、资本折旧率、基期军事资本存量、价格指数等数据之后，利用推导出的公式测算我国 1952 年以来的军事资本存量。采用同样的方法，利用不同的数据测算了中国、美国、日本、印度、俄罗斯和中国台湾的军事资本存量，并利用测算出的数据进行了军备竞赛分析。同时，利用测算出的我国军事资本存量数据和我国 GDP 数据，从协整检验和格兰杰因果检验、军事资本在经济增长中的效率、军事资本的周期波动以及军事资本积累对经济增长的贡献等几个方面分析了我国军事资本与经济增长之间的关系。

最后，根据以上分析结果得出本书的研究结论和政策建议。

1.2.2　研究方法

本书在研究军事资本的过程中主要采用了以下方法：

1.2.2.1　永续盘存法

本书利用永续盘存法对世界主要国家以及中国台湾的军事资本进行了测算。在几何效率递减模式下，军事资本存量，即军事实力的计算公式如下：$MK(t) = \pi MS(t) + (1 - \delta)MK(t - 1)$（具体推导过程见第 4 章）。在确定了国防支出、军事投资占国防支出的比例、基期（初始）军事资本存量、价格指数和折旧率之后，就可以利用该式测算出历年的军事资本。

1.2.2.2　格兰杰因果检验和协整检验

本书运用格兰杰因果检验和恩格尔 – 格兰杰（Engle-Granger）两步法以及约

翰森（Johansen）协整检验分析了我国军事资本与经济增长之间的因果关系和协整关系。

（1）格兰杰因果检验。假设有两个变量 x 和 y，如果 x 的变化引起了 y 的变化，x 的变化应当发生在 y 的变化之前。即如果说"x 是引起 y 变化的原因"，则必须满足两个条件：第一，x 应该有助于预测 y，第二，y 不应当有助于预测 x。要检验这两个条件是否成立，首先，检验"x 不是引起 y 变化的原因"的原假设，对下列两个回归模型进行估计：

无约束回归模型：　　$Y = \sum_{i=1}^{m} \alpha_i Y_{t-i} + \sum_{i=1}^{m} \beta_i X_{t-i} + \varepsilon_t$ （1.1）

有约束回归模型：　　　　　$Y = \sum_{i=1}^{m} \alpha_i Y_{t-i} + \varepsilon_t$ （1.2）

然后用各回归的残差平方和计算 F 统计值，检验系数 β_1，β_2，…，β_m 是否同时显著的不为 0。如果显著不为 0，则拒绝"x 不是引起 y 变化的原因"的原假设。同样可以检验"y 不是引起 x 变化的原因"的原假设，要得到 x 是引起 y 变化的原因的结论，必须拒绝原假设"x 不是引起 y 变化的原因"，同时接受原假设"y 不是引起 x 变化的原因"。

（2）Engle-Granger 协整检验。为了检验两变量 Y 和 X 是否存在协整关系，恩格尔（Engle）和格兰杰（Granger，1987）提出两步检验法，也称为 EG 检验。第一步，首先确保变量 Y 和 X 为同阶单整序列，用最小二乘法估计方程 $Y_t = a_0 + a_1 X_t + u_t$，得到估计残差 $\hat{e}_t$。第二步，对残差 $\hat{e}_t$ 进行单位根检验，如果 $\hat{e}_t$ 为平稳序列，则说明变量 Y 和 X 存在协整关系。

（3）Johansen 协整检验。约翰森（Johansen，1988）与株瑟鲁（Juselius，1990）提出了一种用向量自回归模型进行协整检验的方法，通常称为 Johansen 检验，或 JJ 检验。其基本思想是基于 VAR 模型将一个求极大似然函数的问题转化为一个求特征根和对应的特征向量的问题。对于如下的包含 g 个变量，k 阶滞后项的 VAR 模型：

$$y_t = \beta_1 y_{t-1} + \beta_2 y_{t-2} + \cdots + \beta_k y_{t-k} + u_t$$ （1.3）

假定所有的 g 个变量都是同阶单整序列。其中，y_t，y_{t-1}，…，y_{t-k} 为 $g \times 1$ 列向量，β_1，β_2，…，β_k 为 $g \times g$ 系数矩阵。对式（1.3）做适当的变换，可以得到如下模型：

$$\Delta y_t = \prod y_{t-k} + \Gamma_1 \Delta y_{t-1} + \Gamma_2 \Delta y_{t-2} + \cdots + \Gamma_{k-1} \Delta y_{t-(k-1)} + u_t$$ （1.4）

其中，$\prod = (\sum_{j=1}^{k} \beta_i) - I_g$，$\Gamma_i = (\sum_{j=1}^{i} \beta_j) - I_g$。$I_g$ 为 g 阶单位矩阵。

$\prod$ 系数矩阵可以看作一个代表变量间长期关系的系数矩阵。因为在长期达到均衡时，式（1.4）所有的差分变量都是零向量，随机误差项的期望值为零，因此 $\prod y_{t-k} = 0$ 表示的是长期均衡时变量间的关系。对变量之间协整关系的检验可以通过计算 $\prod$ 系数矩阵的秩及特征值来判断。将 $\prod$ 系数矩阵的特征值按照从大到小的顺序排列，即：$\lambda_1 \geq \lambda_2 \geq \cdots \geq \lambda_g$，如果变量间不存在协整关系（即长期关系），则秩就为零。

1.2.2.3 理查森军备竞赛模型

本书采用理查森军备竞赛模型分析了日本和俄罗斯之间是否存在军备竞赛以及是否存在稳定状态。在理查森军备竞赛模型中，假定一国军事实力的变化取决于三个因素：第一个因素为防务因素，即敌对国的军事实力，理论上该因素对本国军事实力的变化有正向影响；第二个因素为疲劳因素，即本国的军事实力；第三个因素为委屈因素，即所有影响军事实力变化的其他因素。通过系数符号可以进行军备竞赛分析，若系数符号和理论预期一致，则认为存在军备竞赛。

1.2.2.4 广义最小二乘法（GLS）

在分析中国、美国、日本、印度、俄罗斯和中国台湾之间的军备竞赛时，为消除异方差和序列相关性，本书采用了广义最小二乘法（GLS）进行分析。

对于模型 $Y = X\beta + u$，如果存在序列相关和异方差，即有：

$$cov(\mu, \mu') = E(\mu, \mu') = \begin{bmatrix} \sigma_1^2 & \sigma_{12} & \cdots & \sigma_{1n} \\ \sigma_{21} & \sigma_{22} & \cdots & \sigma_{2n} \\ \cdots & \cdots & \cdots & \cdots \\ \sigma_{n1} & \sigma_{n2} & \cdots & \sigma_{nn} \end{bmatrix} = \sigma^2 \Omega$$

Ω 是一对称正定矩阵，存在一可逆矩阵 D，使得 $\Omega = DD'$，则原模型可变换为：$D^{-1}Y = D^{-1}X\beta + D^{-1}u$，即 $Y_* = X_*\beta + u_*$。

由于 $E(u_* u_*') = E(D^{-1}uu'D^{-1'}) = D^{-1}E(uu')D^{-1'} = D^{-1}\sigma^2 \Omega D^{-1} =$

$D^{-1}\sigma^2 DD'D'^{-1}=\sigma^2 I$，所以变化后的模型具有同方差性和随机误差项互相独立性，进而消除了异方差和序列相关性。

1.2.2.5 CF 滤波分解法

采用 CF 滤波分解法得到了我国军事资本与 GDP 的周期波动成分。CF 滤波由克里斯提诺和菲茨杰拉德（Christiano & Fitzgerald，2003）提出。在过滤时，CF 滤波考虑了目标序列的平稳性特征，有选择地使用滤波分解方式。若序列表现为一阶单整过程时，滤波计算采用下列公式：

$$Y_t^T = A_0 Y_t + A_1 Y_{t+1} + \cdots + A_{T-1-t} + \vec{A}_{T-1} Y_T + A_1 Y_{t-1} + \cdots + A_{t-2}$$
$$+ \vec{A}_{t-1} Y_1, t = 3,4,\cdots,T-2$$

$\vec{A}_{t-1}$ 为移动平均因子 A_i 的线性组合。

1.2.2.6 哈罗德－多马增长模型

本书利用哈罗德－多马增长模型分析了军事资本（军事实力）、非军事资本和资本效率对经济增长的贡献。本书将总资本 K 划分为军事资本（MI）和非军事资本（NMI）两类。在哈罗德—多马模型中，令 $k=\dfrac{K}{Y}$，$K=MI+NMI$，Y 表示总产出。令 $\theta=1/k$，表示资本效率，可以推导出军事资本、非军事资本和资本效率对产出的贡献分别为 $\dfrac{\Delta MI/K}{\Delta Y/Y}$、$\dfrac{\Delta NMI/K}{\Delta Y/Y}$ 和 $\dfrac{\Delta \theta/\theta}{\Delta Y/Y}$（详细推导过程见第 7 章）。

1.3 基 本 范 畴 的 界 定

1.3.1 关于资本的界定

在研究军事资本之前，需要界定好资本的概念，资本是研究军事资本的基础。资本（capital）的概念是经济学中最基本的概念之一，资本的概念也是一个很容易引起争议的概念。正如著名经济学家布利斯（C. J. Bliss）所说"经济学如能在资本的理论方面取得一致意见，那么，其他所有问题就将迎刃而解了"。① 在经济学的发展过程中，经济学家们从不同角度对资本做出了不同的定义。奥地利经济学家庞巴维克（E. V. Bohm-bawerk）通过实际考证，认为关于资本的最早定义是在 1678 年出版的《凯奇·德佛雷斯词典》，在词典中资本被认为是能产生利息的"本钱"。② 之后，资本出现了各种各样的定义，古典经济学的创立者威廉·配第（William Petty）在其名著《政治算术》中将资本视同于流通中的货币。③ 杜尔阁（Anne Robert Jacques Jargot）对资本进行了更系统和全面的分析，杜尔阁认为："资本是积累起来的价值"，"是可动的财富"。④ 古典经济学的代表亚当·斯密（Adam Smith）在其巨著《国民财富的性质与原因的研究》（《国富论》）中系统地考察了包括资本理论在内的经济学理论的各个基本方面。把劳动、资本、土地作为经济生产的基本要素，考察了劳动、资本、土地和总产出的关系，以及他们各自的内在规律。关于资本的定义，斯密认为，资本是为了生产而积累起来的财富，亦即积累起来以便供生产工人使用的生产资料和生活资料。他提出了两个有关资本的定义：其一，资本是提供收入（利润）的积蓄。其二，资本是用来继续生产的积蓄。⑤ 古典经济学的另一位伟大代表大卫·李嘉图（David Ricardo）认为，"资本是国家财富中用于生产的部分"。新古典学派的创始人马歇尔（Alfred Marshall）综合了以往经济学家的许多观点，把资本定义为财富中以营业的方法用于获得货币形态收入的那一部分，它在物质构成上不仅包括生产工具和原材料，也包括工人的生活资料，同时还包括各种金融资产等。作为一种独立的生产要素，资本将包括为经营或获利所持有的一切东西在内，其职能在于获得纯收入。⑥ 新古典综合派的代表人物萨缪尔森（P. A. Samuelson）对资本概念作了这样的定义："资本或资本品包括那些生产出来的耐用品，它们在进一步的生产中被作为生产性投入。资本品有三类：建筑、设备以及投入和产出的存货"。⑦ 边际效用学派的代表人物克拉克（J. B. Clark）认为，资本概念具有两层

---

① Bliss. C. J. Capital Theory and the Distribution of Income[M]. Amsterdam and Oxford：North publishing Company.

② 庞巴维克. 资本实证论 [M].北京：商务印书馆，1964.

③ 威廉·配第. 政治算术 [M].北京：商务印书馆，1978.

④ 杜尔阁. 关于财富的形成和分配的考察 [M].北京：商务印书馆，1961.

⑤ 亚当·斯密. 国民财富的性质与原因的研究 [M].北京：商务印书馆，1972.

⑥ 马歇尔. 经济学原理（The Principles of Economics）[M].北京：商务印书馆，1981.

⑦ 萨缪尔森. 经济学 [M].北京：商务印书馆，1979.

含义,一是抽象、一般的资本,或叫"纯资本"。抽象的纯资本,是用来表达资本家投入的整体性,它内在于各种具体形式的生产资料之中却又超越具体形式,而在获取利息上则是"单一的实体";其二则是具体的、实在的资本品,也就是生产资料,诸如原材料、生产工具等等,甚至土地及其自然资源也包括在内,而正是这些因素影响了生产的产量和质量,是生产力的具体体现。所以资本既以整体形式获利,又以具体形式发挥生产力的作用。[①] 马克思（Marx）从社会属性方面揭示了资本是能够"带来剩余价值的价值",资本不仅是物,而且体现着资本家与工人之间的剥削与被剥削关系。[②] 资本按照其表现形态可以分为物质资本和人力资本。物质资本是指人类剩余劳动和非社会经济人之外的自然界有机凝结物。物质资本的外延范围很广,包括经过人类劳动直接或间接作用的具有物质形态的一切物品。例如土地、道路、厂房、衣服、书籍、货币等都是物质资本。人力资本是指剩余劳动与具有社会经济身份的自然人有机凝结物,主要表现为内含于人身中的知识、技能、能力、体力等,也包括内含于自然人身之外的但又与自然人不可分割的影响力。人力资本区别于物质资本的根本原因在于人力资本使用的积极能动性,即含有人力思维的性质。

尽管各个经济学派对资本的解释不尽一致,但总体而言,经济学家主要是从三个方面对资本进行研究:

第一,从生产的角度上来看,资本是用于生产其他商品的手段,包括厂房、设备、机器、交通运输设施等在内的所有投资品的总称。它是生产的三个主要要素之一,其他两个主要要素是土地和劳动。

第二,将资本作为一种社会关系来研究,这主要是马克思的观点,强调了资本的价值属性,它在资本主义生产关系中是一个特定的政治经济范畴,体现了资本家对工人的剥削关系。

第三,从金融市场运行的角度上来看,资本是企业资产的所有权、控制权、收益权或剩余索取权的凭证,资本市场上交易的就是这些凭证。这些凭证之所以能够进行交易,是因为这些凭证代表着对企业实物资产的所有权或某种收益权,因此这些凭证的交易实际上是对企业所有权、收益权等的交易。

现代主流经济学主要是研究如何利用稀缺资源来满足人们的需要,研究如何

① 克拉克.财富的分配 [M].北京:商务印书馆,1981.
② 马克思.资本论第一卷 [M].北京:人民出版社,1975.

实现稀缺资源的最佳配置,资本也作为一种生产要素成为研究对象。基于此目的,本书的资本指的是用于生产的基本生产要素,即资金、厂房、设备、材料等物质资源,同时考虑资本积累的理论和测度方法问题,因而采用第一种概念,不把体现社会关系的资本作为研究对象,也不研究人力资本和金融资本。

1.3.2 关于军事资本的界定

资本是一个不断扩展的概念,其内涵随着社会和经济的不断发展而日益丰富,随着西方经济学的发展以及经济学在社会科学中主导地位的确立,西方经济学家为克服传统主流经济学的局限性,不断拓展资本的内涵。为了同物质资本相区别,20 世纪 50 年代末 60 年代初,西奥多·W·舒尔茨(Thodore W. Schults)等人提出了人力资本的概念和相关理论,他们认为所谓人力资本就是个人所具备的知识、才能、技能和资历等要素的总和,是一种"非物质资本",并进一步指出人力资本是当今时代促进经济增长的主要原因。[①] 在 20 世纪 80 年代后,社会学家皮埃尔·布尔迪厄(Pierre Bourdieu)等人又在人力资本理论的基础上提出了社会资本理论。[②] 英国环境经济学教授 D. W. 皮尔斯(D. W. Pearce)在 1993 年出版的《世界无末日》一书中进一步发展了自然资本的有关理念,认为自然资本是指直接或间接的经过人类劳动而增加其价值的自然物和环境。[③]

希尔德布兰特(Gregory G. Hildebrandt)(1980)从军事生产能力的角度提出了军事资本的概念:军事部门所拥有的所有实物资产的总货币价值,这些资产包括:军事装备(military equipment)、军事设施(military facilities)以及作为存货的军火,所有这些资产都是用于军事生产力中的耐用投入。这些资产并不是在获得时就全部消耗掉,而是在整个服务年限内都继续提供军事利益。并提出了两种测量军事资本的方法,一是军事资本的瞬时生产能力,这种测量概述了军事资本在某一时点上提供的服务价值。二是军事资本的长期生产能力,测量的是国防资

---

① 西奥多·W·舒尔茨. 论人力资本投资 [M]. 北京:北京经济学院出版社,1990.
② 皮埃尔·布尔迪厄著,李猛、李康译. 实践与反思 – 反思社会学导论 [M]. 北京:中央文献出版社,1998.
③ 皮尔斯、沃福德. 世界无末日 [M]. 北京:中国财政经济出版社,1996.

产剩余寿命期间提供的净收益流。^①胡鞍钢（2003）认为一国国防部门可用的资源总量，主要包括国防物质资本（简称国防资本）和国防人力资本两部分。国防资本是一个存量概念，指用于国防基础设施或武器装备，包括 R&D 的投入总量，并按较高折旧率计算，它反映一个国家国防武器装备技术等方面的资源总量。^②

在国内也有许多学者研究了军事人力资本。胡晓华和张苹（2000）认为军事人力资本是指对军事劳动者身上的军事劳动能力的投资而形成的资本。军事劳动能力主要包括军人的体力、智力、敬业精神、心理素质等。军事人力资本理论为新时期军事劳动报酬的制定提供了理论分析的依据。以军事人力资本作为军人收入分配的理论参照是军事科学技术发展的必然，是适应军队人才培养模式改革的重要举措。^③唐海海（2001）定义了微观军事人力资本："微观军事人力资本是指单个军人身上所凝结的知识、技能、健康等因素所形成的能力和素质的总和"。运用人力资本的有关理论对微观军事人力资本的投资收益、人力资本的类型进行了分析，从对象、内容、机制、结构等方面阐述了人力资本投资收益的有关特点，并从优化军事人力资本投资结构、实现产权收益和提高转业或退伍安置费等方面提出了相应的政策建议。^④郝万禄（2002）指出军事人力资本是军人通过各种正规教育、培训以及军事训练和实践投入所形成的军事指挥、组织能力和科学素质，是体现在军人身上的军事劳动能力和军事科技知识的存量，详细阐述了军事人力资本的收入分配问题，指出军事人力资本投资的收益至少应等于或高于市场上具有同等人力资本含量人员的收益，只有这样，才能激发军人进行人力资本再投资的积极性，才能保留和吸引高素质、高技术人才。^⑤杨国宝（2003）等认为军事人力资本相对于一般人力资本，在产权、载体、流动等诸多方面都有其特殊性，在市场经济条件下，这些特殊性给军事人力资本的"引入"、"留岗"、"使用"和"配置"等都带来了新的挑战。^⑥付义清和罗舒畅（2006）指出军事人力

① Gregory G. Hildebrandt. The Economics of Military Capital[M]. Santa Monica,CA:The RAND Corporation, R - 2665 - AF,1980.

② 胡鞍钢，刘涛雄. 国防建设大大滞后于经济建设：从国防资本存量占全国总量比重看国防能力变化（1952－2001）[J].中国国防经济，2003（2）.

③ 胡晓华，张苹. 军事人力资本与军人收入分配 [J].军事经济研究，2000（11）.

④ 唐海海. 微观军事人力资本投资收益分析及政策启示 [J].军事经济研究，2001（10）.

⑤ 郝万禄. 新军事劳动价值论与军人收入分配制度创新 [J].军事经济研究，2002（4）.

⑥ 杨国宝，陈旺，李震. 论军事人力资本 [J].理论月刊，2003（7）.

资本是体现在军事劳动者身上的，能为其带来永久收入的能力，主要表现为军事劳动者拥有的知识、技术、能力和健康状况。军事人力资本可以通过教育投资、专业培训、边干边学、健康投资等方式形成。军事人力资本是军事劳动者知识和技能的积累，它需要一定的资金投入和时间耗费，也就需要取得相应的收益，这就对军人收入政策提出了相应的要求。① 林琳（2007）指出军事人力资本存量是指通过对军事人力的长期投资而凝结在其身上的体能和知识技能的总和。通过研究美军军事人力资本存量总结出美军在发展军事人力资本过程中的规律及特征，并根据我军军情，借鉴其中具有建设性意义的做法来完善我军军事人力资本存量的发展。②

当今世界军事变革，最主要的特征是从机械化向信息化迈进，现代战争与其说是人与人的战争，不如说是装备与装备、技术与技术之间的战争（胡鞍钢，2003）。与物质资本相比，人力资本的测量会更加复杂，考察的内容也会更多，测算的结果也更值得质疑。同时，有关军事人力资本的研究比较成熟，相关文献也较多，而军事物质资本的研究相对匮乏。为此，本书只从实物的形式研究军事资本，即只研究军事物质资本。查尔斯·沃尔夫和胡鞍钢主要从武器装备和军事建筑物的角度研究了军事物质资本，而武器装备与军事建筑相比，更能反映一国的军事资本，本书只从武器装备（包括武器装备的研究、试验、采购、维修、运输和储存等）的角度研究军事物质资本（简称军事资本）。

在研究军事物质资本时，会经常用到军事资产的概念。资产（Asset）是企业用于从事生产经营活动以为投资者带来未来经济利益的经济资源，包括各种财产、债权和其他权利。③ 在研究资产时，需要从价值的角度将各种不同种类的资产进行加总，所以本书从作为生产要素之一的资本的角度对军事资本进行研究。

1.3.3　资本积累与军事资本积累

在经济增长的研究中，常常会涉及资本积累或资本形成的相关概念。其中较为经典的概念就是库兹涅茨（Kuznets）在1959年提出的。他指出，资本形成是

---

① 付义清，罗舒畅．军事人力资本理论与军人收入研究［J］．军事经济学院学报，2006（1）．
② 林琳．也说军事人力资本及其效益问题［J］．中国军转民，2007（1）．
③ 财政部．企业会计准则——基本准则［M］．北京：经济科学出版社，2006．

资本数量的增加，如果不扣除即期消耗的固定资本就定义为资本总额；如果进行了扣除就是资本净额。在我国国民经济核算的过程中，资本形成包括固定资本形成总额和存货增加两部分，其实质仍然是资本积累。①为此，本书在研究过程中，资本形成和资本积累的概念通用，不做形式上的区分。资本形成理论的早期开拓者讷克斯（R. Narkse，1966）认为资本形成实质是将社会现有的部分资源抽调出来增加资本品存量，以便使将来可供消费的资本品的扩张成为可能。②马克思在《资本论》中提出把"剩余价值当作资本使用，或者把剩余价值再转化为资本就叫作资本积累"。"资本积累就是资本的规模不断扩大的再生产"。③现代西方经济学认为，资本积累是指"通过使净投资为正数来增加资本存量"。④有关资本积累的研究可分为两种：一是将资本积累看作是一定技术条件下的经济所具有的生产潜力的扩张，在此扩张过程中经济也会得到改善；二是资本积累是经济的技术和生产组织的彻底变革。⑤前者主要涉及了经济增长的内容，后者与经济增长的联系较小，本书在研究过程中，主要采用第一种资本积累的研究角度。

军事资本体现了一个国家的军事实力，与国家安全密切相关。而国家安全程度会直接影响到一国经济的发展，另外，许多军事资本均可用于民用部门，拉动经济增长。所以，军事资本不仅与国家安全有关，也与经济增长有着密切联系。军事资本积累不仅能使国家安全得到改善，也会使国家经济得到改善，是一定技术条件下的一国所具有的国家安全潜力和生产潜力的扩张。

1.4　研究的创新之处

在总结已有相关文献基础之上，本书在以下几个方面进行了创新：

第一，在系统阐述永续盘存法的基础之上，严格按照永续盘存法的要求，同时结合我国国防的实际情况，对我国军事资本进行了合理测度。目前只有查尔斯·沃尔夫（Charles Wolf）和胡鞍钢等人运用永续盘存法对军事资本进行了测

---

① 吕冰洋. 中国资本积累：路径、效率和制度供给 [M].北京：中国人民大学出版社，2007.
② 讷克斯. 不发达国家的资本形成问题 [M].北京：商务印书馆，1966.
③ 马克思. 资本论（第二卷）[M].北京：人民出版社，1975.
④ 戴维·W·皮尔斯. 现代经济学词典 [M].上海：上海译文出版社，1988.
⑤ 新帕尔格雷夫经济学大辞典 [M].北京：经济科学出版社，1992.

算，但他们在测算军事资本时，没有说明永续盘存法的原理，只是简单地借用了资本存量测算的公式，没有严格区分资本品的效率递减模式，而是根据假定给出了一个变化的折旧率，也没有区分重置率和折旧率，从而对测算结果产生了一定影响。

第二，运用永续盘存法测算了中国、美国、日本、印度、俄罗斯和中国台湾的军事资本。在此基础之上，分析了中国军事力量在国际中的地位以及中国、美国、日本、印度、俄罗斯和中国台湾之间的军备竞赛问题。已有文献主要采用武器存量、国防开支或者国防开支占国内生产总值的比重表示军备，对军事实力进行排名，并研究军备竞赛情况。与武器存量、国防开支或者国防开支占国内生产总值的比重相比，军事资本更能代表军备情况，所以采用军事资本研究军备竞赛得出的结论会更加科学。

第三，运用格兰杰因果检验、协整检验等方法系统分析了我国军事实力与经济增长之间的关系。现有文献主要采用国防开支代替军事实力，利用格兰杰因果检验、协整检验等方法研究二者之间的关系。本书运用永续盘存法测算出我国军事实力之后，采用格兰杰因果检验、Engle-Granger 两步法以及 Johansen 协整检验分析了我国军事实力与 GDP 之间的因果关系和协整关系。

第四，将总资本分为军事资本和非军事资本，分析了我国军事资本和非军事资本在经济增长中的效率，采用 CF 滤波分解等方法系统研究了我国军事资本和 GDP 的周期波动以及二者之间的关系。在有关周期波动的研究中，资本周期波动与 GDP 周期波动关系的研究比较成熟，而缺少军事资本周期波动与 GDP 周期波动关系的研究，本书的研究弥补了这方面的空白。

第五，利用哈罗德—多马增长模型分析了军事资本对我国经济增长的贡献。本书推导了哈罗德—多马增长模型中军事资本对产出的贡献公式，并利用公式计算了军事资本对产出的贡献率。

第 2 章　军事资本：文献综述

本章通过研究代表军事实力的军事资本，对军事资本的相关文献进行综述。军事资本的研究内容比较广泛，而最主要的方面在于军事资本的测度以及军事资本与经济增长的关系，本书将对这两个方面的相关文献进行梳理。

2.1　军事资本测度的理论和实证研究

2.1.1　库珀和查尔斯·罗伯特的资本成本指数法

1974 年，库珀（Cooper）和查尔斯·罗伯特（Charles Robert Roll）在构建军事生产函数时，提出了军事资本的成本指数法，计算公式如下：[①]

$$r_t = (d_t + i_t)P_t \tag{2.1}$$

r_t 为在时间 t 时的资本成本指数；d_t 为在时间 t 时资本存量的折旧率；i_t 为在时间 t 时的借贷成本；P_t 为在时间 t 时军事采办的相对价格指数。

其中，d_t、i_t、P_t 都需要估计。库珀和查尔斯·罗伯特采用美国 3～5 年的国债利率代替借贷成本 i_t；价格指数 P_t 采用美国劳动统计局（BLS）有关机械和装备的批发价格指数。这个指数虽然不是军事部门指数的准确测量，但由于没有其他军事价格指数可以利用，认为 BLS 有关机械和装备的价格指数最能反映军事产品的价格变动。折旧率 d_t 采用以下公式进行近似估计：

---

①　Cooper, R. and Roll, C. The Allocation of Military Resources: Implications for Capital-Labour Substitution [M]. Santa Monica, CA: The RAND Corporation, 1974.

$$\delta_t = 1 - (K_t - I_t)/K_{t-1} \tag{2.2}$$

δ_t 为 d_t 的估计值；K_t 和 K_{t-1} 为在时间 t 和 $t-1$ 时的资本存量的估计值；I_t 为采购中的投资。

首先，在美国国防部个人不动产（Real and Personal property of the Department of Defense）中获取年度数据，然后利用军事装备的存货数据、供给体系、数量变化以及综合历史价格等对数据进行了调整，并利用公式（2.1）得到美国军事资本的成本指数，结果见表2.1。

表 2.1 美国军事资本成本指数

年份	折旧率	3~5 年国债利率	价格指数（1967 = 100）	资本成本指数
1972	0.083	0.058	119	142
1971	0.117	0.066	115	178
1970	0.114	0.071	111	174
1969	0.121	0.062	107	166
1968	0.115	0.053	103	147
1967	0.067	0.051	100	100
1966	0.071	0.047	97	97
1965	0.069	0.41	95	89
1964	0.096	0.039	94	108
1963	0.097	0.36	94	106
1962	0.084	0.036	93	95
1961	0.102	0.038	93	110
1960	0.091	0.042	93	105
1959	0.144	0.036	92	140
1958	0.104	0.033	90	104
1957	0.088	0.034	86	89
1956	0.108	0.028	80	92

资料来源：Cooper, R. And Roll, C.（1974）。

2.1.2　希尔德布兰特的生产能力法

希尔德布兰特在 1980 年发表的军事资本的经济效果（The Economics of Military Capital）一文中，[①] 详细阐述了有关军事资本的定义和测量。在这篇文章中，他指出所谓军事资本就是军事部门所拥有的所有实物资产的总货币价值，这些资产包括：军事装备（military equipment，如坦克和飞机）、军事机构（military facilities，如总部、供给站和新兵训练营）以及作为存货的军火。所有这些资产都是用于军事生产力中的耐用投入。这些资产并不是在获得时就全部消耗掉，而是在整个服务年限内都继续提供军事利益。

随后希尔德布兰特提出了有关军事资本测量的两种理论方法。他认为至少有两种值得考虑的测量军事资本的方法。一是军事资本的瞬时生产能力 K_I，这种测量概述了军事资本存量在某一时点上提供的服务价值。二是军事资本的长期生产能力 K_L。因为军事部门的实物资产是耐用品，所以它们会在一段时期内提供利益，K_L 测量的就是军事部门实物资产在其剩余年限内提供的净收益。在数据统计上，与长期生产能力 K_L 相比，瞬时生产能力测量 K_I 是一种更有用的测量方法，因为军事决策者想知道军事部门的耐用实物资产是如何对"军事潜力"[②] 做出贡献的。

2.1.2.1　瞬时生产能力

为识别军事资产瞬时生产能力的测量，首先测量一类资产的总军事效率，并做出以下假设：

（1）在时间 v，假定有 $N(v)$ 单位的资产。

（2）假设所有资产具有一样的质量特性，并定义其役龄（指正在使用的资本品已经使用的年限时间）为 v，在时间 v 获得的所有资产具有相同的质量特性，这些特性会随着役龄的不同而不同。和役龄有关的质量水平称为 $q(v)$。质量水平 q 也可能是一个向量，代表了设备可测量的性能特征，例如战斗机的质

---

① Gregory G. Hildebrandt. The Economics of Military Capital[M]. Santa Monica, CA: The RAND Corporation, R‑2665‑AF, 1980.

② 军事潜力（Military Force Potential）是指在特定时间内军事产出的价值。

量，包括空速特征和作战范围。

（3）假设随着时间的推移，资产提供的瞬时产出的水平会下降。在时间 t，每一单位的龄期为 $t-v$，所提供的产出是全新资产所提供产出的一部分 $\Phi(t-v)$，$\Phi(t-v)$ 被称为退役函数，度量了随着使用年限的增长军事资产的相对效率。例如，如果 $\Phi(t-v)$ 等于 0.5，那么两单位的旧资产相当于一单位的新资产。退役函数只依赖于资产的使用年限，与 v 或 t 无关。同时假设所有特定资产的役龄遵循同一退役函数。

（4）假定质量水平为 q 的每一新单位设备能提供 $h(q)$ 单位的军事效率，$h(q)$ 称为军事效用函数，测量了使用年限相同但质量不同的资产的相对效率。例如，如果一项全新低质量的资产能提供 $h(q)$ 效率，而另外一项全新高质量的资产提供的效率是它的 2 倍，那么两单位低质量的资产相当于一单位高质量的资产。函数 $\Phi(t-v)$ 和 $h(q)$ 可以直接从军事决策者那里获得，也可以从可观测的环境中直接估测。但每种方法都需要获取额外的信息，而这些额外信息可能不是那么容易获得。因此，需要一种估计这种函数的替代方法。为此，做出第 5 个假设：

（5）对任意的 $h(q)$ 函数，假定 $\Phi(t-v)$ 服从指数形式。做出这个假设之后，就可以根据可获得的信息类型来识别这些函数。

给定 $\Phi(t-v)$ 和 $h(q)$，就可以确定 $N(v)$ 单位役龄为 v 的军事资产在时间 t 的总军事效率：$h(q)\Phi(t-v)N(v)$，通过加总不同资产的总军事效率就可以计算出军事资本的数值 $K_p(t)$：

$$K_p(t) = \int_{t-\xi}^{t} h(q(v))\Phi(t-v)N(v)\,\mathrm{d}v \qquad (2.3)$$

其中，ξ 表示每项资产的服务年限，也就是从存货中获取时的使用年限。

为确定瞬时生产能力 $K_I(t)$，还需要测量在时间 t 获取额外一单位军事效率的货币价值：$B(t)$。确定 $B(t)$ 之后，就可以确定瞬时生产能力 $K_I(t)$：

$$K_I(t) = B(t)K_p(t) \qquad (2.4)$$

2.1.2.2 长期生产能力

为确定一类军事资产的长期生产能力，就需要确定每项军事资产在剩余年限内所产生净利润的货币价值。这种货币价值是在获取耐用资产时所花费的总额，被称为需求价格。在数值上等于资产剩余年限内军事毛利润扣除维持和修理费后的贴现值。

首先考虑军事利润，如果所有资产的服务年限为 ξ，那么在时间 t，每一项役龄为 v 的资产将提供额外的 $v + \xi - t$ 年的军事利润，直到退役时间 $v + \xi$，在时间 s（t 到 $v + \xi$ 之间任意一时间），一单位军事效率的货币价值为 $B(s)$，由于资产在此时的寿命为 $s - v$，退役函数的数值为 $\Phi(s - v)$，因此，在时间 s 役龄为 v 的资产所提供的总军事利润为 $B(s)h[q(v)]\Phi(s - v)$。如果 r 是用于计算不同时期同度量单位利润的贴现率，那么就可以确定资产 $A(q, t, t - v)$ 的总利润。总利润依赖于质量水平 q，在时间 t 和龄期 $t - v$，计算剩余年限军事利润的贴现值：

$$A(q, t, t - v) = \int_{t}^{v + \xi} e^{-r(s - t)} B(s) h[q(v)] \Phi(s - v) \, \mathrm{d}s \qquad (2.5)$$

用于一项军事资产支出的数量——需求价格依赖于和该项资产相联系的维持费用水平。假设在资产 $s - v$ 时期，质量水平为 q 的任何资产需要 $m(q, s - v)$ 单位的维持和修理费用。每项维持和修理单位的价格为 $R(t)$（和时间有关）。用 $M(q, t, t - v)$ 表示质量水平为 q 的资产在 $t - v$ 时期所需要的总维持费。那么总的剩余维持费用为剩余年限内所有维持支出的贴现值：

$$M(q, t, t - v) = \int_{t}^{v + \xi} e^{-r(s - t)} R(s) m(q, s - v) \, \mathrm{d}s \qquad (2.6)$$

资产的需求价格等于资产在剩余年限总的军事利润减去维持支出：

$$P^{d}(q, t, t - v) = A(q, t, t - v) - M(q, t, t - v) \qquad (2.7)$$

$A(q, t, t - v)$ 和 $M(q, t, t - v)$ 分别由公式（2.5）和（2.6）确定。在时间 t，$N(v)$ 单位役龄为 v 的资产剩余军事价值为 $P^{d}(q, t, t - v) N(v)$，将所有同种装备的剩余军事价值进行加总就可以得到总的剩余军事价值，也就是军事资产的长期生产能力 $K_{L}(t)$：

$$K_{L}(t) = \int_{t - \lambda}^{t} P^{d}[q(v), t, t - v] N(v) \, \mathrm{d}v \qquad (2.8)$$

2.1.3　希尔德布兰特—军事资产的服务价值和财富价值

十年之后，希尔德布兰特在国防经济杂志（Defence Economics）上又提出了军事资本的服务价值和财富价值的观点，他提出了以货币形式测量军事价值的体系，并区别了两种军事资本的测量方法：军事资本的服务价值和财富价值。[①]

2.1.3.1 军事资本的服务价值

军事资本的服务价值概述了军事防御资产在特定年份的价值。军事资本服务价值的测量反映了来自军事装备的威慑力和潜在的作战收益，也就是某年中从全部军事资产存量中获得的服务。这种测量方法有两大优点：第一，这种测量在评估对手之间的军事制衡很有用，由于资本服务测量反映的是特定年份军事资产的相对价值，所以它提供了耐用军事投入的规模估计[②]。军事投入规模能提供用于战争中军事力量的质量和数量信息。第二，测量的资本服务价值可以和国防支出做比较。国防支出反映了国防建设的准备，而相应的军事资本服务价值反映了军事力量结构和军事现代化。

希尔德布兰特比较了美国和苏联 1970～1984 年战斗机的资本服务价值，详细阐述了这种测量方法。具体过程如下：假设有两种类型的轮船，s1 和 s2，具有同样的服务年限。同样有两种类型的飞机：p1 和 p2，假定服务年限也一样。但轮船和飞机的服务年限不同。首先，计算两种军事装备的存货价值。存货价值是在军事防御机构作战订单中的军事装备的成本。如果 $Cs1$ 和 $Cs2$ 代表两种轮船在某年的采办成本价格，$Ns1$ 和 $Ns2$ 是某一年两种轮船的存货数量，那么轮船的存货价值 Is 等于这些资产的总成本。飞机的存货价值 Ip 也可以类似计算，只是用 $Cp1$，$Cp2$，$Np1$ 和 $Np2$ 表示两种飞机在某年的采办成本价格和存货数量。对于这两种资产，有以下关系：

$$Is = Cs1Ns1 + Cs2Ns2$$
$$Ip = Cp1Np1 + Cp2Np2$$

(2.9)

存货价值测量的是在整个服务年限军事资产存量提供的加总利益。因为两种资产的服务年限不同，所以不能利用这种价值信息来比较两种军事投入的规模。为了便于比较，需要利用军事资本的服务价值 Ka。因此需要利用一美元采办成

---

① Gregory G. Hildebrandt. Services and Wealth Measures of Military Capital (Measures of Military Capital) [J]. Defence Economics,1990(1):159－176.

② 耐用军事投入是指支撑一国军事地位的军事装备和其他耐用资产。

本的年度利润（B）对存货价值进行加权。轮船和飞机一额外美元采购成本的利润分别为：Bs 和 Bp，则

$$Ka = BsIs + BpIp \tag{2.10}$$

其中，
$$B = 1 / \sum_{t=1}^{\xi} 1 / (1 + r)^t \tag{2.11}$$

r 为折旧率，ξ 为服务年限。

希尔德布兰特利用上述方法计算了美苏两国战斗机的服务价值。图 2.1 反映了 1970 ~ 1984 年两国战争订单的飞机数量。将苏联分为两种情形进行讨论。情形 1："苏联"，包括了苏联所有的战斗机。1970 ~ 1984 年，美国战斗机的年增长率大约为 1%，而苏联每年的增长率都超过 3%。情形 2："苏联 Alt"，不包括 1983 年前属于单独战略空军防御种类的战斗机。但 1983 年随着苏联战略战术空军以及空军防御资产的改编，又重新成为战斗机中的一部分。同样，战场和反地面轮船轰炸机也排除在苏联 Alt 中。

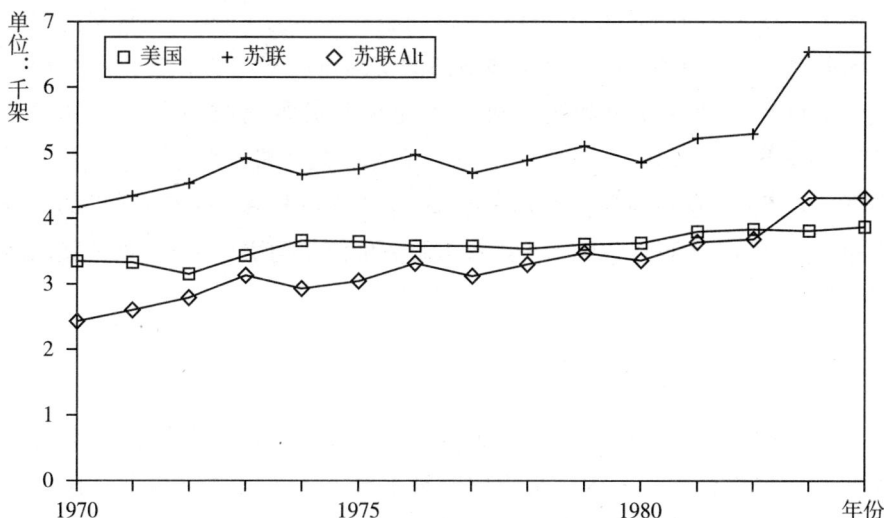

图 2.1　美国和苏联战斗机数量

将作战订单数据以及每种飞机的采办成本，代入方程（2.9），得到美国和苏联战斗机的存货价值。结果见图 2.2。在 1970 年，两国存货价值相等，但在 1984 年美国存货价值只相当于苏联 Alt，低于苏联的存货价值。

图 2.3 比较了美国和苏联战斗机的服务测算。在这种比较中，借鉴美国商务

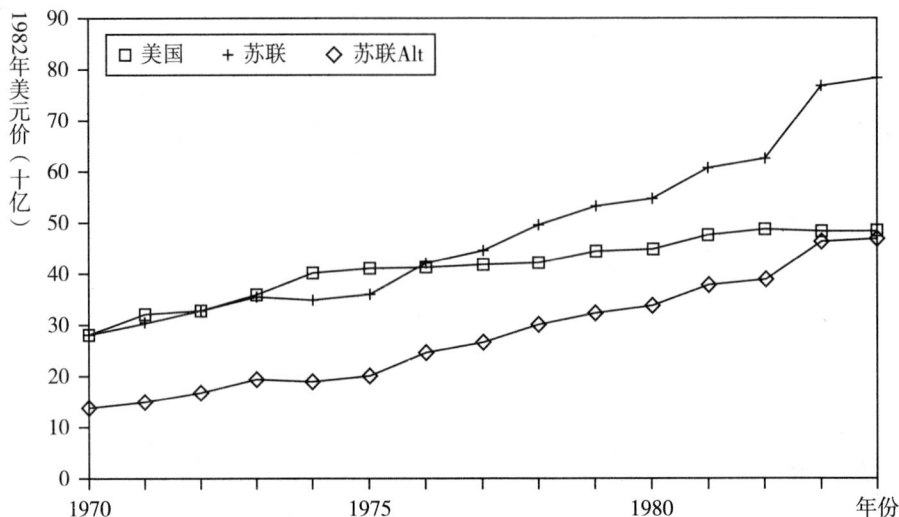

图 2.2 美国和苏联战斗机存货价值

部的做法，假设美国和苏联的所有战斗机的服务年限为 15 年，轰炸机为 20 年。折旧率采用美国管理预算局和美国国防部的实际折旧率 10%，将这些数据代入方程（2.11）得到战斗机和轰炸机一美元采办成本的收益分别为 0.128 和 0.120，代入方程（2.10）就可以得到美国和苏联战斗机的服务价值，其发展趋势和图 2.2 相似。这是因为对于 15 年和 20 年的装备来说，一美元采办的年收益几乎相等。由图 2.3 可以得到，美国资本服务价值年均增长 4%，而苏联的增长率超过 7%。

2.1.3.2 军事资本的财富价值

军事资产的财富价值概述了军事资产在整个剩余服务年限内获得的军事利润，并随着资产使用年限计提折旧。资本财富测量的用途很多，在一个特定的经济中，可以比较军事财富和其他类型的财富。例如，军事财富可以和民用资本存量进行比较。和军事资产服务价值的测量相同，军事资产的财富价值也会随时间而产生折旧。绝大多数有关资本财富价值的估计采用直线折旧法，计算过程如下：当资产是全新资产时，以资产采购成本计入资本存量。每年用服务年限除以资产成本作为折旧率对资产计提折旧。因此，每年的折旧率不变。当资产退役时，它在资本存量上的价值减为零。希尔德布兰特提供了马斯格雷夫（Musgrave）在 1986 年得出的美国 1925~1984 年军事

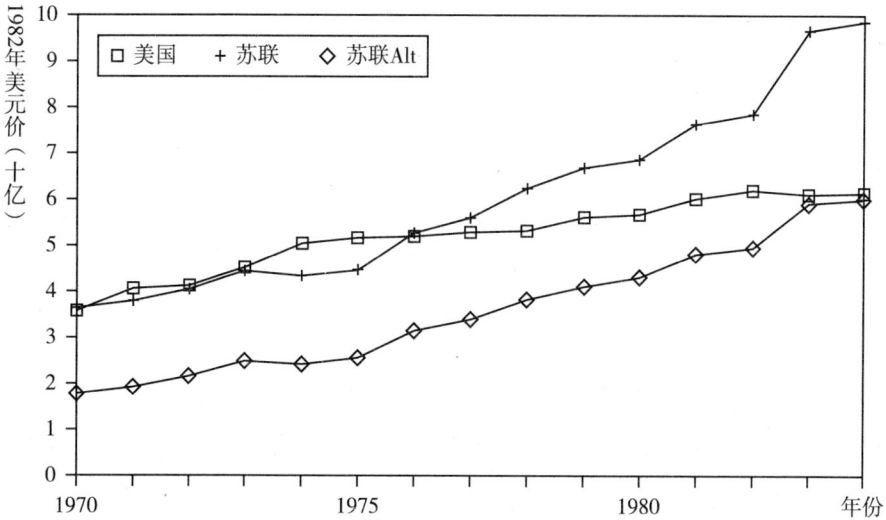

图 2.3 美国和苏联战斗机的服务价值

资本存量，结果见表 2.2。

表 2.2   美国军事资本的财富价值（1982 年美元价，10 亿）

年份	总值	装备	建筑物	年份	总值	装备	建筑物
1925	51.6	14.4	37.2	1936	37.2	7.8	29.4
1926	49.9	13.6	36.2	1937	35.9	7.2	28.7
1927	48.2	12.9	35.3	1938	35.5	7.2	28.3
1928	46.6	12.1	34.5	1939	36.6	8.1	28.5
1929	45.1	11.4	33.7	1940	40.2	8.8	31.3
1930	43.8	10.9	32.9	1941	79.7	34.4	45.3
1931	42.8	10.4	32.4	1942	210.4	127.5	82.9
1932	41.7	9.9	31.8	1943	396.7	298	98.7
1933	40.7	9.4	31.3	1944	551.1	449	102.2
1934	39.7	9	30.8	1945	616.3	511.9	104.4
1935	38.6	8.4	30.1	1946	480	377.3	102.7

年份	总值	装备	建筑物	年份	总值	装备	建筑物
1947	371.7	270.8	100.8	1966	295.2	182.1	113.1
1948	294.8	196.1	98.6	1967	292.5	181.2	111.3
1949	250.7	154.4	96.3	1968	290.2	180.4	109.9
1950	227.1	132.8	96.3	1969	287.4	179	108.4
1951	225	129.8	95.2	1970	283.8	177.5	106.3
1952	246	148	98	1971	279.4	174.9	104.5
1953	263.9	163.6	100.3	1972	279.9	177.1	102.8
1954	273.7	172.1	101.6	1973	277.6	176.4	101.2
1955	276.8	172.9	103.9	1974	273.6	174.2	99.4
1956	278.2	172.1	106	1975	274.6	176.4	98.2
1957	274.7	167.1	107.6	1976	276.8	180.1	96.7
1958	273.4	164	109.4	1977	276.8	181.8	95.1
1959	274.6	163.1	111.5	1978	282.5	189.1	93.4
1960	276.7	163.5	113.1	1979	290.3	198.8	91.5
1961	282.5	167.8	114.7	1980	297.5	207.7	89.8
1962	288.1	172.5	115.7	1981	305.3	217.4	87.8
1963	293.7	177.6	116.2	1982	324.4	238.1	86.3
1964	296	180.5	115.6	1983	348.1	262.9	85.1
1965	295.2	180.6	114.6	1984	356.4	272.3	84.1

资料来源：Musgrave,J. Fixed reproducible tangible wealth in the United States：revised estimates [J]. Survey of Current Business, 1986, 66 (1)：51 – 75.

从以上分析可以看出，尽管希尔德布兰特分别从不同的角度对军事资本进行了度量，但可以看出这两种方法具有相似性。第一种方法中的军事资本的瞬时生产能力和第二种方法中的军事资本的服务价值相似，都属于购置成本法（Purchase Cost），即在某一时点上购买现存的资本资产所需支出的成本之和。永续盘存法（Permanent Inventory Approach）就是这种方法的典型代表，即在某个时点盘点所有不同类型、不同役龄的资本品，计算购买所有这些资本品所需要的成本即为资本存量。第一种方法中的军事资本的长期生产能力和第二方法中的军事资本的财富价值相似，都属于预期未来收入法，预期未来各个时期资本收入的折现值之和即为资本资产的价值，这种方法实际上就是未来收入的资本化计算。

2.1.4 查尔斯·沃尔夫的永续盘存法

查尔斯·沃尔夫1989年首先采用了乔根森改善后的永续盘存法估计了14个国家（美国、苏联、中国、日本、西德、英国、法国、印度、韩国、巴西、阿根廷、土耳其、埃及、墨西哥）和1个地区（中国台湾）1950～2010年的军事资本存量数值。[①] 查尔斯·沃尔夫虽然没有明确提出永续盘存法的概念，但其计算军事资本存量的步骤、公式和永续盘存法一致。有关永续盘存法将在第4章进行详细阐述。查尔斯·沃尔夫在1989年只是提出了计算军事资本存量的方法步骤，当时并没有提出具体的计算公式。但在1995年提出了计算军事资本的具体公式：

$$MK(t) = \pi MS(t) + (1 - \delta)MK(t - 1) \qquad (2.12)$$

$MK(t)$为t年的军事资本存量；$MS(t)$为t年的军事支出；π为军事支出中用于装备采办和建筑物的比例；δ为军事资本存量的折旧率。

1989年查尔斯·沃尔夫在分析经济以及军事长期发展趋势时，采用公式（2.12）对军事资本存量进行了测量。其步骤如下：（1）建立C-D生产函数，根据资本和劳动的增长率预测GNP或GDP的未来值和增长率。（2）假设军费支出占GDP的比重不变，根据比重预测军费支出。（3）建立方程（2.12），确定方程中的参数，并将预测的军费支出代入方程，预测军事资本存量。他指出，以上测量建立在两种非常粗糙的近似方法上，每种方法都依赖于数据的可获得性，而且每种方法都需要一个基准资本存量测量，以便产生1950～2010年的序列。为了提供这个基准，一种方法就是估计1950年用于军事投资的军费支出。随后通过增加新投资和用向前的（forward）的折旧率对军事资本进行折旧，这样就可以得到以后年份军事资本的估计。另外一种方法是通过衡量军事装备的存货来

---

① Wolf, Charles, Ir., Gregory Hildebrandt, Michael Kennedy, Donald P. Henry, Katsuaki Terasawa, K. C. Yeh, Benjamin Zycher, Anil Bamezai and Toshiya Hayashi. *Long-Term Economic and Military Trends*, 1950 – 2010 [M]. Santa Monica, Calif. : RAND, 1989: N – 2757 – USDP.

估计 1985 年的资本存量。1985 年以前的军事资本存量用下一年的军事资本存量减去本年的军事投资加上用向后（"backward"）折旧率算出的本年的折旧计算得出，也就是通过公式（2.2）得到 MK_{t-1}，即 $MK_{t-1} = MK_t - \pi MS_t + \partial MK_{t-1}$。

查尔斯·沃尔夫研究了美国等资本存量数据，在 1950～1985 年采用 3.5% 的向前的折旧率和 4.5% 向后折旧率产生一个近似的实际数据序列。这些折旧率也应用于其他国家和地区。1980～2010 年军事资本的估计通过加新的军事投资（总军费支出的一部分）再减去年度资本存量折旧计算得出。表 2.3 描述了计算结果。

表 2.3　　　　　　　　　　15 个国家和地区军事资本存量

（武器和建筑物，1986 年美元不变价，10 亿）

国家和地区	1950 年	1960 年	1970 年	1980 年	1990 年	2000 年	2010 年
美国	525	677	747	755	1157	1562	2089
苏联	584	592	719	965	1278	1559	1867
日本	0	6	15	31	55	82	115
中国	107	103	129	211	236	392	785
联邦德国	0	24	68	101	138	197	260
英国	78	113	130	139	171	227	284
法国	52	74	91	107	148	215	292
印度	8	9	15	21	42	81	131
韩国	1	1	2	15	37	75	131
中国台湾	3	4	6	10	15	24	40
巴西	7	6	8	9	10	12	18
阿根廷	7	7	7	8	11	12	14
土耳其	5	8	12	23	33	48	68
墨西哥	5	4	5	6	8	10	12
埃及	18	14	17	37	39	44	51

资料来源：Charles Wolf（1989）。

图 2.4 显示了主要国家的结果。

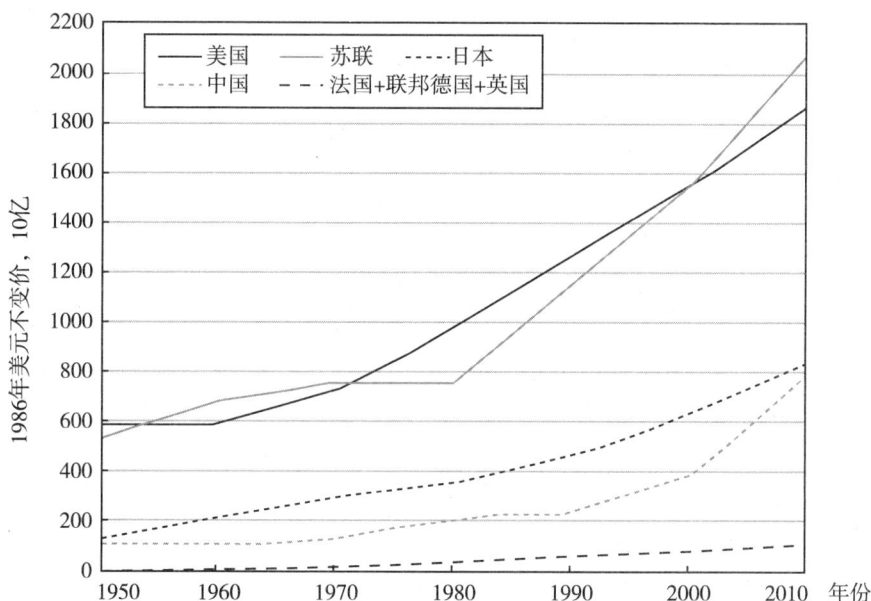

图 2.4　军事资本存量（美国、苏联、日本、中国和其他 3 个北约国家）

资料来源：Charles Wolf（1989）。

通过表 2.3 和图 2.4 查尔斯·沃尔夫得出以下几点结论：

第一，苏联军事资本存量在 2000 年之前都在美国之上，之后苏联军事资本存量开始低于美国军事资本存量，到 2010 年苏联军事资本落后美国 11%。

第二，和美国、苏联相比，当今中国军事资本存量较小但到 2010 年上升到超级强权的军事资本存量的 40%。在区域军事差距方面，2010 年中国军事资本存量将是印度的 6 倍，现在（1985 年）这个比率是 7∶1。

第三，3 个北约国家的军事资本积累与美国和苏联的差距比较显著。1980年，法国、西德和英国总军事资本占美国的 46%，到了 2010 年，这个比率是40%（这三个欧洲国家 1986 年美元计价的军事资本总和为 8360 亿美元，美国是20890 亿美元）。

第四，和其他国家相比，日本的军事资本存量较小，但在 21 世纪的早期，其军事资本达到了主要北约国家的 40%。当然，如果日本的军费将来有稍微增加——回应中国军事现代化或其他原因，那么日本的军事资本就会随之而改变。例如，如果日本在 1990 年将其军费支出提高到 GNP 的 3%，到 2000 年日本的军事资本存量将是西德的70%，到2010年日本的军事资本将达3210亿美元，比西德高出24%。

第五，和军事大国相比，军事力量位于中间的国家和地区（韩国、中国台湾、土耳其、印度、巴西和埃及）其军事资本比较小，但却表现出强大的武器存量，在未来20年，很有可能具备先进武器系统。

查尔斯·沃尔夫测度中国军事资本存量的做法如下：1950～1980年的中国GDP采用了赫伯特（Herbert）的数据[1]，没有采用官方数据。劳动力来自中国官方数据：《光辉的35年》,[2] 并假定1990年以后中国的劳动增长率为1.5%。查尔斯·沃尔夫间接地得到我国的国防支出数据：1980年的国防支出来自世界军事开支和武器转让（World Military Expenditures and Arms Transfers，1971－1980，U.S）和军备控制和裁军（Arms Control and Disarmament Agency）项目，然后取平均值。1950～1985年的国防支出来自《中国统计年鉴》（1986）。首先将以元计价的国防支出转变成1980年的不变价数据，之后创建一个指标，使1980年的平均国防支出为1，以此为基础，得到所有年份以美元计价的国防支出。通过以上方法计算的国防支出在1985年占GDP的比重是3.1%。用于军事投资的估计需要几个步骤：1967～1983年以1974年不变价计量的估计值是从美国情报局（Defense Intelligence Agency，DIA）得到的（以元计价）。1966年的数据也是从DIA的估计中得到。1950～1965年的数据是通过军事投资对机器和建筑部门（不包括农业机械）1965～1971年的总产出回归得到的。GNP的预测建立在生产函数之上，唯一的困难就是资本存量不能精确计算。假设资本存量1985～1995年的平均增长率为8%，1995～2010为7%。以上数据反映了像日本和韩国一些国家的平均经验数据。过去几年，这些国家资本存量年平均增长率为10%或更高。而印度资本存量年增长率为5%～6%。技术变化的平均年增长率在1985年之前为0，在1985～1995年被假定为0.5%，1995～2010年为1%，这是建立在其他国家的历史经验之上的数据，并将其运用于中国，假定中国资本占GNP的比重为0.4。国防支出占GNP比重从1985年的3.1%到1986～1990年的3.5%，1991～1995年为4.3%，1996～2000年为5%，2001～2010年为6%。军事资本存量利用向前

---

[1]　Herbert Block. U. S. Department of State[M]. Washington D. C. ；The Planetary Product in 1980,1981.
[2]　国家统计局. 光辉的35年［M］.北京：中国统计出版社，1984.

和向后折旧的方法进行计算。在向前折旧中折旧率为 3.5%，向后折旧中采用 5.0% 的折旧率，在预测年份，考虑到中国军事部门在将来会采取军事现代化和装备退役程序，所以在预测军事资本存量时，采用的折旧率会更高。假设 1985～2010 年军事资本的年折旧率为 7.5%。

表 2.4　　　六个国家或地区的军事资本存量（1994 年美元不变价，10 亿）

国家和地区	年　份			
	1994	2000	2006	2015
美国	1103	961	858	844
日本（1）	101	106	127	163
日本（2）	101	199	293	433
中国（1）	202	232	291	456
中国（2）	202	219	249	313
韩国（1）	72	68	83	129
韩国（2）	72	67	82	128
韩国（3）	72	43	66	119
中国台湾	30	46	63	101
印度	79	126	192	333

资料来源：Charles Wolf（1995）。

1990 年以后，苏联解体以及民主德国与联邦德国的统一，这些事件查尔斯·沃尔夫都没有预测到。为此，查尔斯·沃尔夫在 1995 年重新研究了 5 个主要国家（美国、日本、中国、韩国和印度）和 1 个地区（中国台湾）的军事资本存量。其测量公式仍然采用公式（2.12），但在具体计算时，将中国分为两种情况：（1）稳定增长模式；（2）破坏增长模式（国家发生暴乱，经济会受到一定破坏）。稳定增长模式：假定资本形成和要素生产率比较高，这样算出的 GDP 在 1994～2015 年的年增长率为 4.9%。破坏式增长模式：考虑到会发生暴乱和破坏活动还有地区分裂主义，这样会产生较低的资本增长率和要素生产率增长率。采用此模式计算的 GDP 年平均增长率为 3% 。通过 GDP 数据估计 6 个国家和地区的军费支出。军费支出在 GDP 中的比重这个参数是根据当前经验结合对以后 20 年可能发生变化的判断估算出来的。在稳定增长模式下，中国军费支出占 GDP 的比重是 3% ~ 3.5% ，在破坏增长模式下为 3% 。新增军事资本投资的估计采用了参数 π ，表示军事装备和建筑物在军费中所占比重。并采用参数 δ 表示折旧率。π 和 δ 建立在当前经验和对其未来价值的判断之上，π 的变化范围为 23% ~ 30% 。δ 的变化为 3.5% ~ 6% 。利用以上公式和数据，查尔斯·沃尔夫估计了 6 个国家和地区 1994 ~ 2010 年的军事资本存量，见表 2.4 和图 2.5。

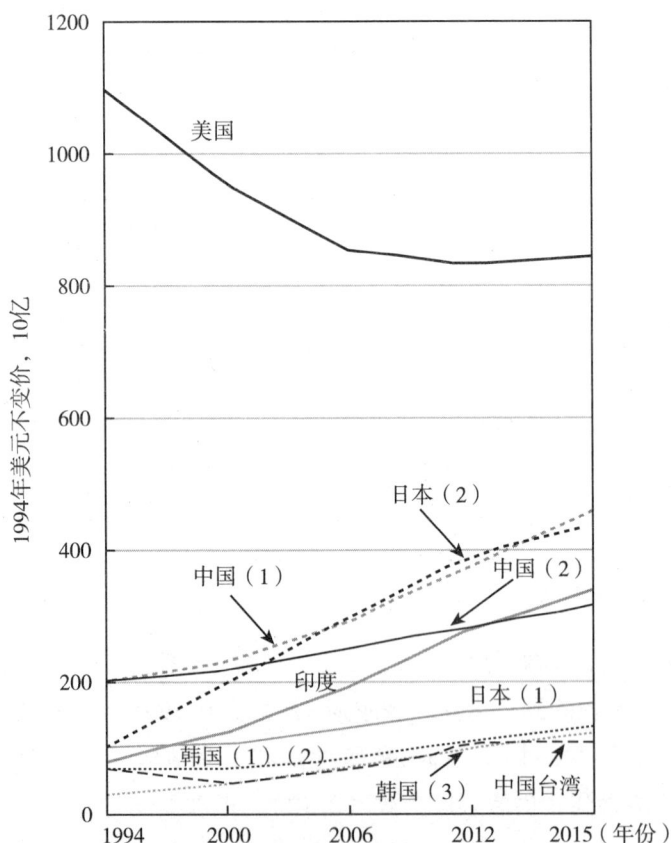

图 2.5　六个国家或地区的军事资本存量

资料来源：Charles Wolf（1995）。

根据表 2.4 和图 2.5，查尔斯·沃尔夫得出以下观点：

第一，1994 ~ 2015 年美国军事资本存量显著下降，由 1994 年的 1.1 万亿美元降为 2015 年的 0.84 万亿美元。下降的原因是美国军事采办和建筑物要小于以前积累的折旧。

第二，日本分为两种情况：（1）国防支出占 GDP 的比重为 1%，按照这种情况计算的日本军事资本存量由 1994 年占美国资本存量的 9%，增加到 2015 年的 20%。（2）国防支出占 GDP 的比重为 3%，这样计算出日本的军事资本存量在 2015 年将超过美国的一半。

第三，韩国分为三种情形：（1）属于软着陆情形，是一个和平、稳定、互助、统一的过程，宏观经济政策没有误导经济。（2）属于按照德国统一形式实现再统一的情形，此时宏观政策误导了工资、生产率和价格之间的关系。（3）属于通过战争实现再统一情形，此时宏观经济政策没有误导经济。如果日本采用 1% 的模式，韩国的军事资本 2015 年占日本的 80%；如果日本采用 3% 的模式，韩国军事资本占日本比重会急剧下降。

第四，中国军事资本在亚太地区占据统治地位。当在稳定增长模式下，2015 年军事资本存量将达到美国的 55%。在破坏增长模式下，中国军事资本存量在 2015 年将是美国的 37%。

第五，相对于中国大陆，中国台湾的军事资本适度增加。相对于中国，印度军事资本略微增加，2015 年，印度军事资本是中国在稳定增长模式下军事资本的 77%，在破坏增长模式下，印度军事资本略微超过中国。

第六，在亚洲，各国和地区之间的平等将会发生重大变化。他们之间在经济和军事上的差距将会增大。和亚洲的绝大多数其他国家和地区相比（印度除外），中国总的经济和军事能力将继续增长。印度无论在经济上还是在军事上都很有可能变成亚洲的显著因素，相对于中国，印度的军事和经济规模都会增加。而美国在全球会继续在经济和军事上保持其绝对优势，但相对比例和规模会下降。

和 1989 年的研究相比，查尔斯·沃尔夫在研究中国资本存量时，采用了不同的数据和假定。1994 年 GDP 的估计来自艾伦·赫斯顿（Alan Heston）的估计。采用 1994 年美国不变价格平减指数把 1990 年 GDP 的估计值转变成 1994 年的不变价。1991 ~ 1993 年的 GDP 估计建立在 1990 年数据之上，并用美国国家统计局的 GDP 指数进行平减。资本和劳动投入以及要素生产率的估计数据来自李京文。① 假定未来 20 年中国资本存量增长率会比目前低。在稳定增长模式下，中国 1993～2000 年劳动力的增长率是 1.5%，2000～2015 年为 1.04%。前者是 1990～1993 年国家统计局公布的实际增长率的平均值。劳动和资本收入比重分别是 0.6 和 0.4，和查尔斯·沃尔夫在 1989 年的研究一致。军费支出占 GDP 比重的平均值在稳定增长模式下为 3%～3.5%，在破坏增长模式下为 3%。假设军事投资占军费支出的比重为 26%：装备购买占 24%，再加上非作战和维持费用（4%）比重的一半，军事建筑也包括在其中。军事资本的折旧率假定在 20 世纪 90 年代为 8%，在 2001～2015 年为 10%（考虑到技术退化和更换）。利用以上数据和假设，查尔斯·沃尔夫估算了中国 1994～2015 年的军事资本存量（见表 2.4）。2000 年查尔斯·沃尔夫在《亚洲经济发展趋势和安全问题》一书中对亚洲五国（中国、印度、日本、韩国、印度尼西亚）的军事资本存量做了类似的分析。②

值得一提的是，中国国情专家胡鞍钢（2003）借鉴查尔斯·沃尔夫的研究方法，采取国际通行的资本积累模型方法（本质为永续盘存法），利用公式 (2.12)，在国内首次估算了 1952～2001 年中国国防资本存量以及占全国总资本存量比重的变化曲线。在估计国防支出时，采用了两种数据，第一种数据来自国家统计局公布的中国国防支出，第二种数据适当考虑名义国防支出之外的其他来源，如允许军队经商的收入等。假定 1985 年以前及 1998 年以后其他来源为官方名义国防支出的 30%，1985～1997 年从 30% 递增到 50%。按两种方案分别计算的结果相当于国防支出的下限和上限。假定国防支出中 30% 为资本品投资，即 π 为 30%。以 1952 年为初始起点年，估计 1952 年全国总资本存量为 320 亿元（当年价），其中 15% 为国防资本，以此来确定起始年份国防资本的存量。研究结果表明：按 1987 年不变价格，这一时期中国国防支出年平均增长率为 3.2%，平均每 21.9 年翻一番，但是仅相当于全国 GDP 年平均

---

① Li, Jingwen. A Comparison of Chinese and U. S. Productivity: Sino-American Economic and Trade Relations [J]. The Journal of Asian Economics, 1994, 5 (1).

② Charles Wolf Jr.. Asian Economic Trends and Their Security Implications [M]. Santa Monica, Calif.: RAND, 2000.

增长率（6.9%）的一半。[①] 同年，胡鞍钢运用这种资本积累方法，同时考虑了国防人力资本，对中、美、日、印四个国家的国防总实力做了一个对比。[②] 日本和印度的国防资本直接采用查尔斯·沃尔夫在 1989 年测算的数据。在计算美国国防资本时，采用了美国国防情报信息中心（CDI）的国防支出数据，历年投资占国防支出的比重来自北约（NATO）的统计。研究发现，2000 年中国军事实力在四国中处于第二位，但军队的现代化程度最低。计算表明，中国国防总实力与美国差距巨大，但强于日本和印度。中国军队的现代化程度不但与美国等发达国家有巨大差距，甚至已经落后于印度。这说明中国军队仍然属于数量型，质量急需改进。1980 ~ 2000 年，中国国防建设不仅滞后于自身经济建设，而且发展速度大大低于日本和印度。

以上主要阐述了有关军事资本存量测量的理论和实证分析。库珀、查尔斯·罗伯特的资本成本指数法，是为了得到军事资本和劳动力之间的最佳比例而采用的一种方法。这种方法计算出来的军事资本只是一个指数，这种指数在分析军事资本和劳动力在军事生产函数中的最佳比例时作用较大，但却无法衡量一个国家军事资本的绝对量。希尔德布兰特的生产能力法在理论上很好地解决了军事资本的测量问题，然而在实际运用中，由于很难获得额外信息，很难运用这种理论测算出军事资本的存量值。希尔德布兰特的军事资产服务价值法是一种购置成本法（Purchase Cost），即在某一时点上购买现存的资本资产所需支出的成本之和。这种方法测量出的军事资本存量能体现一国军事实力，而且能对不同国家的军事资本进行比较。然而，在实际研究过程中，由于各种原因（军事机密、技术因素等）很难得到相关数据，或许这种方法更适合决策者使用。军事资产的财富价值法是一种预期未来收入法，即将预期未来各个时期军事资本收入的折现值之和作为军事资本资产的价值，这种方法实际上就是未来收入的资本化计算。然而军事资产一般是公共产品，其收入很难衡量，可操作性也不强。与其他方法相比，永续盘存法的理论和应用比较成熟，经济合作与发展组织（Organization for Economic Co-operation and Development，OECD）国家就广泛采用永续盘存法作为估计资本存量的基本方法。查尔斯·沃尔夫等

---

① 胡鞍钢，刘涛雄. 国防建设大大滞后于经济建设：从国防资本存量占全国总量比重看国防能力变化（1952 – 2001）[J]. 中国国防经济，2003（2）.

② 胡鞍钢，刘涛雄. 中美日印国防实力比较 [J]. 战略与管理，2003（6）.

人对中国、印度、韩国、中国台湾、美国等1994～2015年国防资本长期趋势的估算，旨在为美国国防部提供战略分析，缺乏对中国国防战略的具体分析，严重高估了中国国防支出在GDP中的比重，进而高估了中国军事资本存量。为此，很有必要阐述永续盘存法的原理及其在测算军事资本中的应用，并进一步细化测算过程中各种参数。

2.2 资本、军事资本积累与经济增长

2.2.1 资本积累与经济增长

资本积累是一个国家各个时期投资形成存量资本的过程，是一国或一个地区经济增长的重要影响因素。没有资本积累就不可能进行扩大再生产，也就缺乏推进经济增长的持续动力。可以说，资本积累是决定一国经济增长的非常重要的原因，特别是对经济发展水平比较落后的发展中国家来说，充足的资本形成率是实现经济腾飞的关键。资本要素对经济增长的推动作用体现在两方面：一是资本积累的速度，它与资本积累和经济增长成正比关系：当积累效益一定时，资本积累速度越快，则经济增长率越高；二是资本的使用效益，它与经济增长正相关：资本使用效益越高，则资本对经济增长的促进作用就越大。

论及资本积累，较早提出且影响较大的就是马克思对社会化再生产模式进行的均衡分析。马克思认为，任何社会的消费都是在不断进行中的，生产也不例外，生产过程就是不断地再生产过程。倘若再生产仅仅是在原有规模和水平上的简单重复，那便是简单再生产；而如果生产规模和水平不断扩大和提高，则就是我们经常说的扩大再生产，这也就是经济增长，马克思认为资本积累是扩大再生产的源泉。①

在西方经济学中，古典经济学派的创立者亚当·斯密在其代表著作《国民财富的性质和原因的研究》（1776）中就曾经强调：国民财富的增长取决于两个条件，分别是能提高生产率的专业分工和生产劳动人数的增加。而社会分工和增加劳动数量都必须增加资本积累。亚当·斯密指出：增加一国土地和劳动的年产物

① 马克思. 资本论（第4卷）[M]. 北京：人民出版社，1975.

的价值只有两个办法，要么增加从事生产性劳动者的数量，要么提高劳动者的生产能力。显而易见，要增加劳动者的数量，就必先增加维持生产性劳动者的资金。而要提高劳动者的生产力，也只有增加更多更先进的生产工具。总之，都有增加资本的必要。①大卫·李嘉图也认为国民财富增长的根本原因就在于资本积累的扩大。他认为"国家财富的增加有两种方式：一是用更多的收入来维持生产性的劳动——这会增加商品的数量，而且可以增加其价值；二是不增加任何劳动量，而是等量劳动的生产效率增加——这会增加商品的数量，但不会增加商品的价值。"②第一种方式需要将更多的收入进行再投资；第二种方式需要对各种生产要素进行重新组合，提高生产要素的使用效率，以便使一定的投入要素产生更多的产出。在哈罗德—多马模型中，资本积累更是被看作经济增长的唯一决定因素。③

除了以上理论之外，还有许多关于资本积累和经济增长的理论，比如罗森斯坦 – 罗丹（Rosenstein-Rodan，1943）提出了关于资本形成在经济发展中作用的"大推进"理论；1960 年罗斯托（Rostow）提出了"起飞"理论；莱宾斯坦（Leibenstein，1957）提出了"临界最小努力"理论；纳尔逊（R. R. Nelson，1956）提出了"低水平均衡陷阱"理论。这些理论都从不同的角度分析了资本积累对经济增长的影响。

除了理论分析，许多经济学家还进行了实证分析。丹尼森（E. F. Denson）运用自己创造的多因素分析法，以 1929~1969 年美国经济增长为样本，测算了各种要素对经济增长的贡献率（见表 2.5）。丹尼森的研究发现，劳动投入的增加能解释经济增长的 38.7%，知识进步能解释 27.0%，而资本存量的增加只能解释经济增长的 14.7%，且从动态的变化趋势看，知识进步对经济增长的贡献越来越大。④

① 亚当·斯密 . 国民财富的性质和原因的研究（上卷）[M]. 北京：商务印书馆，1972.
② 彼罗·斯拉法 . 李嘉图著作和通信集第 1 卷 [M]. 北京：商务印书馆，1962.
③ 罗伊·哈罗德 . 动态经济学 [M]. 商务印书馆，1981；E. 多马 . 经济增长理论 [M]. 商务印书馆，1983.
④ E. F. 丹尼森 . 1929~1969 年美国经济增长的核算 [M]. 布鲁金斯学会，1974.

表 2.5 美国国民收入增长在各个因素中的分配

项　　目			增长率（%）			占国民收入增长率的百分比（%）		
			1929～1969年	1929～1948年	1948～1969年	1929～1969年	1929～1948年	1948～1969年
国民收入			3.41	2.75	4.02	100	100	100
总要素投入			1.82	1.5	2.11	53.4	54.5	52.5
劳动			1.32	1.37	1.31	38.7	49.8	32.6
	就业		1.09	1.05	1.15	32	38.2	28.6
	工时		−0.2	−0.2	−0.2	−6.5	−8.4	−4.7
		平均工时	−0.5	−0.6	−0.3	−14.4	−23	−8.5
		效率抵消	0.19	0.33	0.06	5.6	12	1.5
		效率间转移抵消	0.08	0.08	0.09	2.3	2.9	2.2
		年龄－性别构成	−0.1	0	−0.1	−1.5	0	−2.5
		教育	0.41	0.39	0.42	12	14.2	10.4
		未分配项	0.09	0.16	0.03	2.6	5.8	0.7
资本			0.5	0.13	0.08	14.7	4.7	19.9
	存货		0.09	0.05	0.12	2.6	1.8	3
	非住宅的建筑和设备		0.2	0.03	0.36	5.9	1.1	9
	住宅		0.19	0.06	0.29	5.6	2.2	7.2
	国际资产		0.02	−0	0.03	0.6	−0.4	0.7
土地			0	0	0	0	0	0
平均每个投入单位的产量			1.59	1.25	1.91	46.6	45.5	47.5
知识进步			0.92	0.62	1.19	27	22.5	29.6
改进资源配置			0.3	0.31	0.31	8.8	11.3	7.7

项　　目		增长率（%）			占国民收入增长率的百分比（%）		
		1929 ~ 1969 年	1929 ~ 1948 年	1948 ~ 1969 年	1929 ~ 1969 年	1929 ~ 1948 年	1948 ~ 1969 年
	农场	0.26	0.28	0.24	7.6	10.2	6
	非农自营户	0.04	0.03	0.07	1.2	1.1	1.7
住房占用率		0.01	0.02	− 0	0.3	0.7	− 0.2
规模的节约		0.36	0.29	0.43	10.6	10.5	10.7
不规则因素		0	0.01	− 0	0	0.4	− 0.2
	农业天气	0	0.01	− 0	0	0.4	0.6
	劳动纠纷	0	0	0	0	0	0

资料来源：E. F. 丹尼森. 1929 ~ 1969 年美国经济增长的核算，布鲁金斯学会出版社，1974，127 - 128。

索洛对美国 1909 ~ 1949 年经济增长实证分析得出的结论是：技术进步贡献占 87.5%，资本投入贡献占 12.5%。[1]

乔根森和格瑞里彻斯对美国 1954 ~ 1965 年产出增长率因素的校正和分析后得出与丹尼森等人完全相反的结论：资本和劳动投入增长率对产出增长的贡献率高达 96.7%，而综合要素生产率仅占 3.3%。[2]

库兹涅茨运用统计分析方法对英国等 7 个发达国家自 19 世纪下半期到 20 世纪上半期长达 100 余年的统计资料进行处理，认为在人均 GDP 增长中，25% 归因于资源投入量增长，75% 归因于要素生产率（效率）提高。[3]

麦迪逊（1970）研究了 22 个欠发达经济体 1950 ~ 1965 年的经济增长情况。他将影响经济增长的因素分为劳动投入、资源配置效率和资本三大类，分别考察了它们各自的增长对经济增长的贡献，具体结果见表 2.6。研究发现，资本对经济增长的作用，在欠发达经济中比其他要素更重要。

---

[1] 罗伯特·索洛. 经济增长论文集 [M].北京：北京经济学院出版社，1989.

[2] 罗伯特·索洛. 经济增长因素分析 [M].北京：商务印书馆，1991.

[3] 西蒙·库兹涅茨. 现代经济增长 [M].北京：北京经济学院出版社，1989.

表 2.6　　1950～1965 年 22 个发展中国家和地区的经济增长因素分析（％）

国家和地区	经济增长率	人力资源增长	资本增长	资源配置效率
阿根廷	3.2	1.05	2.8	-0.65
巴西	5.2	2.35	3.05	-0.2
斯里兰卡	3.64	1.6	2	-0.2
智利	4	1.5	2.45	0.5
哥伦比亚	4.7	1.8	2.9	-0.1
埃及	4.2	1.5	3	-0.3
希腊	6.4	1.3	2.85	2.25
印度	3.5	2.35	2.3	-1.2
以色列	10.7	3.2	5.6	1.9
马来西亚	3.5	2.08	1.8	-0.35
墨西哥	6.1	2.45	3.2	0.45
巴基斯坦	3.7	1.7	1.85	0.15
秘鲁	5.6	1.2	3.4	1
菲律宾	5	2.4	2.55	0.05
韩国	6.2	2.9	2.2	1.1
西班牙	7.5	1.2	3.8	2.5
中国台湾	8.5	1.7	3.5	3.3
泰国	6.3	2.7	3.4	0.2
土耳其	5.2	1.7	2.5	0.95
委内瑞拉	6.7	3.1	4.65	-1.05
南斯拉夫	7.1	1.7	4.85	0.55
平均值	5.55	1.94	3.06	0.55

资料来源：A. Madison：Economic Progress and Policy in Developing Countries（London, Allen & Unwin, 1970）

罗宾逊（S. Robinson）于 1971 年发表了《欠发达国家的增长源泉》，进一步支持了麦迪森的研究结果。罗宾逊将经济增长源泉分为四个：劳动、资本、从农业转移资源的效应以及外债，同时还考虑了不可避免的剩余。采用 1958～1966 年 39 个发展中国家和地区的经济增长面板数据，进行截面数据研究，研究发现不论方程中是否包含外债，资本的贡献最大，而剩余的贡献最小。[①]

纳迪里（M. Nadiri，1971）在《要素投入和全部生产率的国际研究》一书中，把影响经济增长的因素分为四大类：劳动投入、资本投入、全要素生产率以及资源流动对全部生产要素的贡献。该书的研究成果支持了麦迪逊的结论。他们都认为：欠发达经济体要素生产率（或称资源配置效率）对经济增长的贡献要小于发达经济体要素生产率对经济增长的贡献，而资本投入对经济增长的贡献在欠发达经济体中要大于发达经济体。[②]

另外，世界银行发布的《1991 年世界发展报告》也证实了资本积累对发展中国家经济增长贡献的重要性（见表 2.7）。从表 2.7 中可以得出以下结论：1960～1987 年，资本增长对 63 个发展中国家经济增长的贡献率高达 65%，远高于 5 个发达国家。

表 2.7　　　1960～1987 年部分国家要素投入物增长表明的产出增长百分比　　单位：%

地区或组别和时期	资本	劳动	总和要素生产率
1960～1973 年			
撒哈拉以南非洲	59	22	17
东亚	50	16	35
欧洲、中东和北非	51	10	38
拉丁美洲	55	20	25
南亚	81	20	0
总计	56	18	26
1973～1987 年			
撒哈拉以南非洲	92	37	-27
东亚	62	17	20
欧洲、中东和北非	68	19	14
拉丁美洲	94	51	-48
南亚	55	19	24

[①] S. Robinson. Sources of Growth in Less Developed Countries：A Cross-section Study[J]. Quarterly Journal of Economics，1971.

[②] 刘锡洪．货币政策、金融体制与经济增长［D］．武汉：华中农业大学，2002.

地区或组别和时期	资本	劳动	总和要素生产率
总计	76	28	−6
1960～1987 年			
撒哈拉以南非洲	73	28	0
东亚	57	16	28
欧洲、中东和北非	58	14	28
拉丁美洲	67	30	0
南亚	67	20	14
总计	65	23	14
部分工业国			
1960～1985 年			
法国	27	−5	78
德国[a]	23	−10	87
日本	36	5	59
英国	27	−5	78
美国	23	27	50

注：a 为与原德意志民主共和国统一前的德意志联邦共和国。

资料来源：世界银行. 1991 年世界发展报告 [M]. 中国财政经济出版社，1991.

关于我国经济增长的因素研究，许多经济学家和世界银行等组织曾做过很多分析。[①]中国国务院经济发展研究中心利用柯布－道格拉斯生产函数统计分析了 1952～1982 年间工业总产值增长因素，发现：资本对工业发展的贡献率为 50%～57%，劳动的贡献率为 27%～31%，技术进步的作用是 16%～19%。这也证明资本投入增长是支撑中国 1952～1982 年工业发展的原因。[②]尽管国内外学者选择的指标和时期不同，但几乎所有对我国经济增长因素分析的实证研究结论基本相同：我国经济增长的主要源泉来自资本投入。[③]

[①] 世界银行. 中国：长期发展的问题和方案 [M].北京：中国财政经济出版社，1985：59.
[②] 国务院经济发展研究中心. 中国经济发展与模型 [M].北京：中国财政经济出版社，1990.
[③] 吴强. 经济发展中的资本积累 [M].北京：中国金融出版社，1993：30.

2.2.2 军事资本积累与经济增长

由于没有直接衡量军事力量的指标，军事开支常被用于衡量军事力量的指标。有关军事资本与经济增长的研究也主要是从实证分析方面研究军事（国防）支出与经济增长的关系。自从国防经济学创立，有关国防支出与国民经济运行关系的研究一直都在进行，得出的结论也不尽一致。很多研究发现国防开支对经济增长有积极影响。贝努瓦（Benoit，1973）最早对两者之间关系进行了实证分析，他运用计量经济学的估算方法在对 1950～1965 年 44 个欠发达国家的典型分析后指出："国防负担重的国家通常具有较快的经济增长率，而那些国防负担较轻国家的经济增长率却往往是最低的"。从而说明国防开支对经济增长有积极而显著的影响。沃德（Ward，1991）采用费德尔三部门模型对 1950～1987 年的印度进行了分析，结果进一步支持了贝努瓦的结论。比斯瓦斯（Biswas，1993）在采用贝努瓦传统模型的基础上，结合费德尔两部门模型，对 74 个发展中国家 1981～1989 年的国防经济与国民经济之间的关系进行了实证分析，同样支持了贝努瓦的观点。麦克奈尔（Macnair，1995）采用扩展的费德尔模型，对 1951～1988 年 10 个北大西洋公约组织成员国的年度数据进行了实证分析，他的观点也和贝努瓦的观点一致。玛丽亚（Maria）和安东尼奥（Antonio，2001）采用协整理论和单位根技术，研究了西班牙 1850～1995 年国防开支和经济增长间的关系，发现他们之间存在长期均衡关系。志（Jhy）、程（Ching）和文（Wen，2002）采用内生增长模型，发现持续增长的国防开支能够刺激经济增长率，进而验证了贝努瓦的经验发现。森梅兹（Sonmez，2002）利用美国 1947 年第二季度到 2000 年第二季度的季度数据，采用协整理论，发现在美国经济总量和国防开支之间存在积极显著的关系。迈克尔（Michael，2002）通过对美国 1951～1997 年的 GDP 和国防开支以及非国防开支的光谱分析发现非国防开支是反经济周期运行的，而国防开支是顺周期而运行的。厄达（Erdal）和瑟若普（Serap，2004）利用单位根检验、协整和因果检验研究了土耳其 1955～2000 年国防开支和 GDP 之间的关系，发现国防开支和 GDP 之间存在长期均衡关系，并且存在从国防开支到 GDP 方向上的单向短期因果关系。克里斯托斯（Christos）、查瑞斯（Charis）和莱昂尼达斯（Leonidas，2004）对塞浦路斯 1964～1999 年的格兰杰因果检验发现国防开支和经济增长之间存在双向因果关系。

另外有些研究表明国防开支对经济增长并无积极或消极影响。比斯瓦斯（Biswas）和拉姆（Ram，1986）采用传统模型和费德尔两部门模型，研究了1960～1970年和1970～1977年58个欠发达国家国防经济与国民经济之间的关系，发现国防开支对经济增长无显著影响。兰多（Landau，1986）采用多变量传统模型，对1960～1980年65个发展中国家进行了实证分析；黄（Huang）、明茨（Mintz，1990）采用费德尔三部门模型研究了1952～1988年美国国防经济与国民经济之间的关系；亚历山大（Alexander，1990）运用费德尔四部门模型，对1974～1985年9个发展中国家两者之间的关系进行了实证分析；亚当斯（Adams）、贝尔曼（Behrman）和博尔金（Boldin，1991）采用费德尔三部门模型研究了1974～1986年欠发达国家的样本资料；明茨（Mintz）和史蒂文森（Stevenson，1995）运用费德尔三部门模型对1950～1985年103个国家进行了实证分析，彼得（Peter）、保罗（Paul）和大卫（David，2000）采用新古典模型研究了1989～1996期间南非国防支出与经济增长之间的关系，这些研究都表明国防开支对经济增长没有影响。约尔丁（Joerding，1986）通过对1962～1977年57个欠发达国家样本的格兰杰因果检测，得出经济增长对国防开支有因果决定关系；但国防开支对经济增长却没有因果关系。随后，乔杜里（Chowdhury，1991）检测了55个欠发达国家的格兰杰因果关系，发现大多数国家的国防开支与国内生产总值和经济增长之间没有因果关系。克里斯托斯（Christos，1996）采用格兰杰因果检验研究了土耳其1954～1993年国防开支和经济增长的关系，发现他们不存在任何因果关系。克里斯托斯（Christos）和斯泰利奥斯（Stelios，2000）运用格兰杰因果检验研究了希腊1955～1993年的样本，也没有发现国防开支和经济增长之间存在任何因果关系。优斯福（Yousif，2002）采用多变量误差修正的格兰杰因果检验方法，研究了6个海湾地区1975～1998年国防支出和经济增长间的因果关系，发现不存在因果关系。

更多的研究发现国防开支对经济增长具有消极影响。史密斯（Simth，1980）采用凯恩斯投资需求模型，对1954～1973年14个经济合作与发展组织的国家的面板数据进行了实证分析；利姆（Lim，1983）采用哈罗德－多马增长模型，研究了1965～1973年54个发展中国家的样本；保罗（Paul）、伊夫奇（Eftychia）和安德烈（Andrerou，2000）运用供给需求模型，考虑了增长方程、储蓄方程、贸易平衡方程以及国防负担方程，采用系统估计方法分析了国防开支与经济增长间的关系。这些研究都发现国防开支对经济增长的总体影响是消极的。法伊尼

（Faini）、安内慈（Annez）和泰勒（Taylor，1984），莱博维奇（Lebovic）、伊沙克（Ishaq，1987）等人的研究进一步支持了史密斯（Simth）的观点。汉纳（Hannah，2003）运用似无关方程组对 64 个发展中国家经济增长和国防开支的截面数据进行了实证分析，研究结果显示国防开支对经济增长率和储蓄收益率都具有负面影响，而且这种影响在中等收入国家更加明显。

　　还有一些研究得出的结论并不唯一。弗雷德里克森（Frederiksen）、卢尼（Looney，1983）用贝努瓦所用的样本及在子样本中分解的模型，发现在 24 个资源丰富的国家，国防开支对经济增长有积极的影响；在一组资源约束的 9 个国家其影响却是消极的。德格（Deger，1986）采用传统的联立方程模型，研究了 50 个欠发达国家 1965～1973 年国防开支和经济增长之间的关系，发现国防开支对经济增长的直接影响是积极的，但间接影响和总体影响是消极的。兰多（Landau，1993）运用传统模型，认为国防开支对经济增长起初有积极影响，但当国防负担较高时转为消极影响。塞拉米（Selami，1996）采用费德尔两部门模型，研究了土耳其1950～1994 年国防支出和经济增长之间的关系，得出国防支出的外部性和规模效应都能刺激经济的增长，但国防部门的外部性对其他部门具有消极影响。

　　有关中国军事资本和经济增长的研究比较晚，相关文献也较少。陈（Chen，1993）的研究认为在中国国防支出与经济增长之间不存在因果关系。马塞尔（Maish，1997）等人却发现中国的国防支出对经济增长存在单向因果关系。刘群（1996）选取 1978～1994 年中国大陆国防支出和 GNP 数据，对两者之间的关系进行了二元回归分析，其相关系数为 0.0095，表明这一时期国防支出与 GNP 的相关性很小。孙乾（Qian Sun）和余乔（Qiao Yu，1999）利用局部均衡模型对1965～1993 年中国大陆国防支出的决定问题进行了经验研究，得出的结论是：中国大陆的国防支出与国民收入成正相关关系。李双杰和陈渤（2002）采用费德尔－拉姆模型对中国国防支出与经济增长的相关性进行了实证分析，得出了适度增加国防支出对于现阶段的经济增长具有一定促进作用的结论。卢周来（2005）选取 1953～2001 年的国防支出和中国大陆 GDP 数据为时间序列样本，通过新古典模型对中国大陆国防支出的决定因素进行回归分析，发现中国大陆的国防支出与国民收入成正相关关系。刘涛雄、胡鞍钢（2005）采用两部门外部性模型，将国防支出对经济增长的影响分解为规模效应和外部性效应两部分，利用中国 1960～2000 年时间序列数据进行检验，结果表明：中国国防支出的规模效应与经济增长的关系为正向，同时国防支出对经济增长有负的外部性，即规模效应为正，外部性效应为负。陈波（2005）应用格兰杰因果检验方法对 1954～2000 年样本区间内国防支出与经济增长的关系进行实证性研究，研究结果表明：1954～2000 年样本区间内国防支出与经济增长之间缺乏长期的均衡关系，1980～2000 年样本区间内则存在这种长期的均衡关系，在这一区间内，经济增长是国防支出的格兰杰原因，而国防支出并不是经济增长的格兰杰原因。潘爽亮、刘志峰、詹银珍（2005）利用 1978～2002 年的数据，运用协整理论分析国防开支和 GDP 协调发展，发现我国国防支出与经济增长之间存在着一个平稳的线性组合形式。格兰杰检验还表明，从长期看，我国国防支出增长的规模和速度所产生的经济效应还不足以促使 GDP 的显著增长，对经济的稳定状态几乎没有影响。鹿庚（2006）采用费德尔－拉姆模型的变形—四部门模型建立了一元回归模型，运用最小二乘法对我国 1980～2004 年国防支出与经济增长的相关性进行了实证分析，得出目前我国国防支出对于现阶段经济增长具有一定负外部性的结论，并提出了使这种负外部性变为正外部性的措施。连玮佳、李健（2008）将国民经济部门分为国防部门、非国防公共部门和私人部门，选择 1984～2001 年和 1992～2001 年两个时间段进行实证分析，结果显示：国防支出对非国防公共部门产出存在负效应；国防支出对私人部门产出也存在负效应，但随着国防部门逐步扩大，非核心、非保密性技术的市场准入，国防支出对私人部门的间接拉动和技术推动作用正在逐步显现。[①]

　　以上研究主要借助国防开支分析了军事资本与经济增长的关系。但是国防开支与军事资本有着一定差别，用国防开支代替军事实力或军事资本研究与经济增长的关系会产生一定误差。以往研究多数运用费德尔三部门模型、新古典模型、凯恩斯投资需求模型等分析了国防开支与经济增长的关系，研究军事资本在经济增长中的作用的文献较少，同时采用周期波动等理论研究军事资本与经济增长关系的文献也较少。本书将在分析军事资本形成机制的基础上，对我国军事资本进行测度以便得到军事资本的相关数据，采用计算得到的军事资本数据，并利用格兰杰因果模型、协整模型以及周期波动模型分析我国军事资本与经济增长的关系，同时借助哈罗德－多马增长理论分析军事资本在经济增长中的作用。

---

　　① 以上相关文献主要根据基斯·哈特利，托德·桑德勒著，姜鲁鸣等译的《国防经济学手册》（2001）和林晖的"经济增长与国防费关系研究综述"（经济学动态，2005）以及最近的相关资料整理得到，相关资料见参考文献。

第 3 章　军事资本：形成机制分析

一个国家所有产品和服务的最终去向要么被消费，要么被储蓄。在封闭经济条件下，经济学所讲的消费主要包括个人消费和政府消费两大部分。个人通过购买耐用消费品和非耐用消费品以及服务而进行消费，政府主要通过购买产品和服务而进行消费。如果一个国家没有消费掉所有的产品，则可以将剩下的储蓄投资于国防建设，例如修建防空洞、建造航空母舰等武器装备、进行军事训练或增加国家的军火存货。这个过程就被称为军事资本形成。军事资本形成作为储蓄向军事投资的转化过程，包含三个基本要素：第一，必须有储蓄资源可以利用。假如全社会的收入全部用于消费，则就没有构成储蓄的剩余。储蓄是军事资本形成的物质基础和供给力量。第二，必须有军事投资需求。没有军事投资需求，军事资本形成就会失去动力，储蓄就不会转化为实际的军事投资。第三，储蓄转化为军事投资的形式和渠道。所谓军事资本形成机制，就是指储蓄供给、军事投资需求与储蓄转化为军事投资的形式渠道彼此之间相互作用、相互影响，从而共同决定军事资本形成过程与结果的机能。

由此可见，完整的军事资本形成过程至少包括储蓄、军事投资和军事资本形成三个相互关联的环节。而在储蓄和军事投资主体不一致的情况下，还需要在储蓄与军事投资之间插进一个将储蓄转为军事投资的中介环节。因此，存在两种资本形成过程的表现形式：储蓄—军事投资—军事资本形成或储蓄—中介—军事投资—军事资本形成。

3.1 军事资本形成的物质基础——储蓄供给

自经济学学科形成以来，有关储蓄理论的探讨一直在持续进行之中，在这种探讨过程中，形成了各种有关储蓄的定义和理论。比如，英国经济学家马尔萨斯（Malthus T. R.）的"节俭是非论"认为，储蓄就是将收入用于生产，增加其资本的一种支出。[①]20世纪初，瑞典学派创始人维克塞尔（Wicksell K.）在创建储蓄投资理论时，指出"现代所谓的储蓄，是由储蓄人将其积累的储蓄金信托于银行，然后由银行尽快地将其贷放于企业，而由企业将其运用于一种或另一种生产用途。[②]而英国著名经济学家凯恩斯（Keynes J. M.）在《货币论》中对储蓄下了一个较为基础和全面的定义，他认为"储蓄是个人的货币收入和他对本期消费所作的货币支出之间的总差额"。[③]

在开放经济条件下，储蓄包括国内储蓄和国外储蓄。国内储蓄主要由政府储蓄、企业储蓄和家庭储蓄构成。因而，按照不同的行为主体，储蓄可划分为个人或家庭储蓄、企业储蓄、政府储蓄和国外储蓄四类。

3.1.1 个人或家庭储蓄（居民储蓄）

居民储蓄是指居民可支配收入减去消费以及转移支付后的差值。居民储蓄主要由实物性储蓄与金融性储蓄构成。其中实物性储蓄一般表现为固定资产投资和存货，金融性储蓄表现为金融资产的积累，比如存款、债券、股票、保险等。在其他条件不变时，家庭收入越高，扣除消费后的剩余即储蓄就越多。因而，提高家庭收入是提高储蓄的最直接、最有效的方法。从历史的角度来看，在经济发展水平较低阶段，居民储蓄占国民收入和社会总储蓄的比例并不高，作用也不重要。由于在低收入水平上，居民在消费和储蓄上进行选择的余地很小，大部分的收入要用于消费，因此居民储蓄水平往往很低。而在现代社会，随着居民收入的

---

① R. 马尔萨斯. 政治经济学原理 [M]. 北京：商务印书馆，1962.
② 维克塞尔. 国民经济学讲义 [M]. 上海：上海译文出版社，1983.
③ 约翰·梅纳德·凯恩斯. 货币论 [M]. 西安：陕西师范大学出版社，2008.

逐渐提高，大部分居民已经摆脱了绝对贫困的状况，居民可支配收入中可用于储蓄的份额也有所扩大，居民储蓄在社会总储蓄中的比重也上升到较高的比例。正是有了大量的居民储蓄，政府或者军工企业才有可能通过税收、发行国债、企业债券和股票等方式，将居民储蓄转化为政府或者军工企业的投资，为军事资本的形成提供了重要的物质基础。

3.1.2　企业储蓄

对于军事资本形成的物质基础而言，这里的企业储蓄主要是指军工企业储蓄，是指军工企业税后利润中扣除向企业所有者分配利润后的余额。军工企业的税后利润包括两个部分：一部分是已分配给股东的股息，另一部分是剩余的未分配利润，未分配利润即军工企业储蓄。军工企业储蓄是利润转化而来的，当军工企业将其利润用于投资时，一方面可以维持原有的军事资本存量；另一方面当军工企业投资购买新武器装备等军用产品时，其军事资本存量可以扩大，这有利于军工企业的发展。军工企业进行储蓄的主要动机就是扩大投资，既是为了满足短期的流动资金需要，也是为了满足未来投资的需要。军工企业储蓄作为企业总储蓄的一部分，在军事资本的形成过程中起着十分重要的作用，尤其是随着军工企业的市场化改革，军工企业的融资渠道呈现出多元化趋势，除了国家投资之外，军工企业还可以充分利用银行贷款、重组上市、引进外资等多种形式进行融资，其利润也随着军工企业的改革而日益增加。由于"储蓄的主要来源是利润"[①]，因而在其他条件不变的前提下，军工企业储蓄供给水平的高低主要取决于军工企业的经营绩效。可见，军工企业利润的增加，必然会引起其储蓄的不断增长，从而使军工企业储蓄成为军事资本形成的一支重要的供给力量。

3.1.3　政府储蓄

除了军工企业的储蓄之外，政府储蓄也是军事资本形成的重要物质基础。政府储蓄是政府收入减去政府支出后的余额，政府储蓄可以转化为政府投资，从而

---

① 阿瑟·刘易斯. 二元经济论 ［M］. 北京：北京经济学院出版社，1989：17.

促使资本的形成。由于军用产品属于公共产品，只能由政府部门将储蓄中的一部分购买国外的军用产品或者将储蓄中的一部分投资于国内的军工企业，委托军工企业进行生产。因此，国内的军工企业除了面向市场开发和生产民用产品之外，还必须优先完成具有一定刚性的军用产品生产任务。由于资本具有同质的属性，不同投资者投资所形成的企业资本在生产经营中发挥着同样的功能，不同投资者对企业生产经营活动影响力的大小，将通过其在企业资本总额中所占比重的差异表现出来。在军工企业资本结构呈现多元化趋势的前提下，为使军工企业能够保障军品这一刚性生产任务的完成，必须确保国有资本在军工企业资本结构中的主体地位。与之相适应，国有资本应当在军工企业资本总额中处于控股地位，而国有资本的形成主要取决于政府储蓄，进而决定了政府储蓄成为军事资本形成的另外一支重要的供给力量。政府储蓄越多，转化成的政府投资就会越多，军事资本形成的可能性和规模就会越大。

3.1.4　国外储蓄

在开放经济条件下，一个国家的储蓄还会包括国外储蓄。国外储蓄表现为国外资金的流入，其本质是一国进出口差额。当进口大于出口时，国外储蓄为正；当进口小于出口时，国外储蓄为负。国外储蓄的作用在于弥补国内储蓄缺口。当国内总投资大于国内总储蓄，也即存在储蓄缺口时，就必然需要有国外资本的流入。此时，进口大于出口，出现贸易赤字，这意味着国外资本处于净流入的状态，这部分净流入的国外资本起到弥补国内储蓄不足的作用。当国内总投资小于国内总储蓄时，国内储蓄过剩，此时出口将大于进口，存在贸易盈余，国内一部分资源流到国外，过剩的国内储蓄将通过盈余的方式转到国外，导致国外净储蓄为负。在国外储蓄形成的过程中，国外直接投资、对外直接投资和间接融资（包括对外借款和贷款）均对资本在国际范围内流动起到了积极的促进作用。国外直接投资和国外借款构成了一国主动吸收国外储蓄的方式，而对外直接投资和提供贷款则促使一部分资源流向国外。在当今世界，资本单纯流出或者流入的国家已经不存在了，国家之间的资本这种相互流动，就像贸易一样，对各国的各种储蓄和投资起到调剂余缺和风险收益匹配的作用。例如，美国的国债销往全世界各国，而美国企业也在全世界各国进行投资，美国这种以低价吸收各国储蓄，又通过对外投资变成高收益资产的能力是美国经济得以发展的重要因素之一。① 同样，在军事领域，一国政府或军工企业可以通过将国外借款投资于军用产品的生产，或者允许国外直接投资购买本国军工企业的股份等形式促进本国军事资本即军事实力的形成。同时，一国政府或军工企业也可通过对外直接投资或提供贷款等形式促进其他国家军事资本即军事实力的形成。

3.2　军事投资需求

储蓄形成之后，各部门的储蓄并不一定形成军事实力或军事资本，要经过储蓄—军事投资的转化，才能最终形成军事资本。如果说储蓄是军事资本形成的第一阶段，那么，军事投资就是军事资本形成的第二阶段，储蓄和军事投资是资本形成的必要条件。通过军事投资，储蓄起来的生产和生活资料才能形成军事资本。从军事投资的主体看，包括企业投资、政府投资、国外投资和军人个人投资四部分。

3.2.1　企业部门的军事投资

企业部门的军事投资主要是一国的军工企业在军用产品方面的支出。军工企业通过投资军用产品，将企业内部的储蓄转化为军事投资。同时军工企业也可以通过发行债券和股票等金融工具，将居民储蓄转化为军工企业的投资。军工企业投资可分为三类：第一类就是非住宅性固定资产投资，即用于购买厂房和生产设备的投资。第二类是存货投资，包括产成品、在产品以及投入品价值增值的部分。军工企业的产品分为民用产品和军用产品，一般而言，民用产品投资的来源主要是军工企业自身的储蓄，而军用产品属于公共产品，投资军用产品一般出于国家利益，其投资来源一部分是国家财政支出，一部分来自军工企业自身的储蓄。第三类是住宅性固定资产，指为建造住宅而进行的投资。可见，军工企业作为投资主体，其投资目的具有双重性，既要追求利润最大化，又要从国家安全出

---

① 国际货币基金组织．国际资本市场：发展、前景和主要政策问题［M］.北京：中国金融出版社，1997.

发，实现社会效用最大化。

多年来由于受传统计划经济体制的影响，我国军工企业历史包袱和社会负担沉重，富余人员多，限制了军工企业的市场竞争力。同时，我国军工企业投资理念落后，投资主体单一。在高度集中的计划经济体制下，绝大多数军工企事业是靠吃"皇粮"成长起来的，普遍存在着"等、靠、要"的思想，"等"国家投资，"靠"国家拨款，"要"国家给钱。自 20 世纪 80 年代初开始，国务院采取了包括重组、改制、上市以及关闭、停产、转民、搬迁在内的一系列措施对军工企业进行调整。值得一提的是 1999 年，为了把竞争机制引入军工企业，提高军工企业效率，国务院将除中国电子工业总公司外的 5 家总公司一分为二，形成 10 家军工集团。可以说，1999 年的改制不仅是军工企业数量的增加，最重要的是制度环境的转变。

3.2.2　政府部门的军事投资

政府部门的军事投资可分为两部分：一部分是政府直接购买国外军事产品进行直接投资；另外一部分就是政府投资于国内军工企业，间接进行军事投资。政府军事投资的来源主要是一国的军费开支，军费开支是一国在一定时期内（通常是一年），用于支付给士兵和其他有关常备武器力量人员的费用，以及由军方购买物品和从民用部门购买服务费用的总和。与企业军事投资相比，政府军事投资具有以下两大特点：第一，政府军事投资的目的是满足全体社会成员安全需要，追求的是社会效益最大化，而非利润最大化，具有很强的外部效应。第二，政府军事投资决策的模式和机制比较复杂。由于社会效益难以衡量，因此政府军事投资项目的最终确定往往要经过复杂的行政甚至法律程序，并通过层层审批才能结束。

3.2.3　国外军事投资

国外军事投资是指国外企业在军事方面的投资。国外军事投资和国内企业军事投资以及政府军事投资的目的不同，国外军事投资把追求利润最大化作为投资的唯一目标。国外企业可以直接投资国内军事行业，也可以通过外资参股国内军工企业。国外军事投资对一国（特别是发展中国家）的作用主要在于国外军事投资能够带来先进的军事技术、知识以及智力方面的经验，同时和国内军工企业展开竞争，进而促进军事资源的配置效率。影响国外军事投资的因素是多方面的，东道国的政策和贸易条件、进行贸易的成本、知识产权保护状态等都是影响国外军事投资的因素。同时，军事投资往往涉及一个国家的机密问题，国家出于战略安全，会限制国外企业投资于涉及军事机密的产品。由于以上限制，国外企业一般在民用产品方面进行投资，在军用产品上的投资较少。

3.2.4　军人个人投资

军人个人投资主要针对军事人力资本而言，是指军人入伍前个人在军事人力资本方面的支出，入伍后由于军人的职业特性，军事人力资本投资以国家和军队为主（一般以军费形式支付），官兵家庭和个人投资为辅。由于本书所涉及的军事资本主要指军事物质资本，有关军人个人投资的相关知识只做简单阐述。

3.3　储蓄—军事投资转化形式与渠道

居民储蓄、企业储蓄、政府储蓄和国外储蓄构成一国储蓄的总规模。一国总储蓄形成后，并不直接形成军事实力或军事资本，还需要经历从储蓄到军事投资的转化，才能形成军事资本。那么从储蓄到军事投资的转化是如何进行的？又有哪些机制发挥作用？这就会涉及储蓄——军事投资转化的渠道。储蓄—军事投资的转化渠道是指储蓄到军事投资所经由的"导管"，即储蓄供给与军事投资相结合并最终促使实际军事投资形成的措施或手段。在储蓄—军事投资转化的过程中，政府财政和金融机构发挥着重要作用，它们构成了储蓄—军事投资转化中的两种渠道。

3.3.1　财政渠道

财政渠道是通过诸如税收、上缴利润、公共消费、资本性投资、发行国债、对外借款等各种财政收支形式，影响居民部门、企业部门和政府部门的收入分配和储蓄形成，进而影响这些部门的投资水平和结构。财政渠道的作用主要体现在财政政策和税收政策通过对国民收入的分配，影响储蓄的形成并影响储蓄向投资转化的规模。财政渠道在储蓄—军事投资转化中的作用体现在通过财政收支机制形成政府储蓄和政府在军事方面的投资。政府通过税收、债务收入和企业上缴利润等形式形成政府储蓄。同时，政府收支机制也决定政府军事投资规模，在政府储蓄不足时，政府可通过发行公债或者赤字政策形成政府在军事方面的投资。总之，财政渠道就是通过频繁多变的收支活动影响和改变上述部门之间的收入比例和储蓄规模，并促进储蓄向军事投资的转化。

3.3.2 金融渠道

金融渠道是以金融工具的交易和借贷关系为核心促进储蓄的生成并促进储蓄向军事投资的转化。金融渠道又分为间接金融和直接金融两种。间接金融是指资金短缺者和资金盈余者通过银行等金融中介发行金融工具来融通资金，具体是以银行信贷为载体，通过银行存款和银行贷款的形成实现储蓄向军事投资的转化。直接金融是指资金短缺者和资金盈余者之间不通过金融中介发行金融工具，而是以股票、债券、投资基金等为载体实现储蓄向军事投资转化的军事实力或军事资本形成渠道。

储蓄供给、军事投资需求以及储蓄—军事投资转化渠道构成了军事资本形成的三个方面，任何一个方面都不能单独决定军事资本的形成。储蓄供给是军事资本形成的保证，其供给水平将最终决定军事资本形成的数量；军事投资需求是促使储蓄转化为实际军事投资的诱因，军事投资需求的强弱将会影响到储蓄中究竟有多大部分用于军事投资活动，进而影响到军事资本形成的规模；储蓄—军事投资转化渠道对军事资本形成规模的影响主要表现在转化渠道自身对储蓄供给、军事投资需求水平的影响，并决定了储蓄—军事投资转化的效率。储蓄供给、军事投资需求与储蓄转化为军事投资的渠道彼此之间相互作用、相互影响，构成了军事资本的形成机制。

3.4 影响军事资本形成机制和规模的因素

以上分析了构成军事资本形成机制的三个基本要素：储蓄、军事投资和储蓄转化为军事投资的渠道。在经济生活中，影响储蓄、军事投资和储蓄转化为军事投资渠道的因素较多，这些因素也直接或间接地对军事资本形成机制和规模产生影响。

3.4.1　收入机制

储蓄是军事资本形成的基础，而储蓄主要是由收入决定的。居民收入决定居民储蓄，企业利润决定企业储蓄，政府财政收入决定政府储蓄。可见，收入间接地决定了军事资本的形成，只有收入提高了，才有可能产生更多的军事资本积累。由于收入机制的不同会形成不同的储蓄主体，因此就会造成储蓄主体与投资主体的统一与分离，当储蓄主体与军事投资主体统一时，只要投资者有军事投资需求，那么储蓄转化为军事投资就是顺利的，当储蓄主体与军事投资主体分离时，储蓄者与投资者的意愿不统一，那么储蓄转化为军事投资就可能存在障碍，就需要一定的渠道来沟通储蓄与军事投资，从而存在军事资本形成机制不顺畅的可能。

3.4.2　金融市场体制和政府财政政策

金融渠道涉及各个部门之间的储蓄—军事投资转化关系，它的健全与否关系到军事资本形成机制顺畅与否。当金融市场体制比较健全时，储蓄间接地转化为军事资本的效率就会较高，当金融市场体制存在缺陷时，储蓄向军事资本转化就会遇到困难。另外，政府的财政政策也会对军事资本形成机制产生影响。当政府采取扩张性的财政政策时，用于非军事领域的支出一般就会增加，财政收入就会减少，对军事投资产生消极影响，军事投资需求降低，军事资本形成机制也会受到一定的影响。相反，当政府采取紧缩的财政政策时（主要是增加税收），政府收入就会增加，在政府消费不变的情况下，政府储蓄也相应增加，政府就有足够的储蓄向军事投资转化，军事资本就容易形成。

3.4.3　国家的国防战略

军事投资的需求和规模与一国奉行的国防或军事战略息息相关。当一个国家奉行扩张性国防战略时，该国军事投资需求就高，军事资本就容易形成，军事投资也必然居高不下。比如，美国国防支出高举世界各国之首，近几年国防支出持续攀升，2008 年其国防支出突破了 7000 亿美元，就是为了给其对外扩张的国防战略提供物质方面的基础。同样，日本军事投资的持续增长，也是为其成为世界政治和军事大国的战略企图打基础。

相反，当一国奉行依附性国防战略时，其军事投资往往较少。由于军事投资于公共产品，而公共产品的消费是不具有排他性的，这样就可能使一些附近的国家搭便车。如北约一些国家，其国防投资比北约主要国家美国要少很多，这些国家与美国结成军事同盟，美国承诺只要这些国家发生军事需求，美国便会向其提供帮助，这些国家就是采用的依附性国防战略。在这样的军事联盟中，美国的军事投资大大超过其同盟国的投资水平（美国长期负担北约国防支出的一半以上，最高时竟高达 80%）。

另外一些国家奉行中立的防御性国防战略，其进行军事投资的主要目的是为了保卫自身国家的安全和维护本国领土完整，这样的国家一般维持着能够保卫国家安全的适当的国防力量，从而使军事投资保持适中的水平，比如我国。我国作为一个发展中的大国推行积极防御国防战略，军事投资的相对规模在国际上处于较低水平。根据《中国统计年鉴》和《中国国防白皮书》的相关数据，1978 ~ 2008 年，我国国防支出由 167.84 亿元增加到 4178.76 亿元，年均几何增长率为 11.31%；中国国防支出总额、军人人均数额，与其他一些国家特别是大国相比仍处于较低水平：根据有关年份中国国防白皮书的数据，我国国防支出总量 2000 年为 146 亿美元，只相当于美国的 5%，日本的 30%，英国的 40%，法国的 48%，德国的 64%。2002 年，只相当于美国的 5.86%，日本的 50.37%，英国的 58.62%。2003 年，中国国防支出仅相当于美国的 5.69%、日本的 56.78%、英国的 37.07%、法国的 75.94%。2007 年，中国年度国防支出相当于美国的 7.51%、英国的 62.43%。从军人人均数额考察，2007 年我国军人人均国防支出是美国的 4.49%，日本的 11.3%，英国的 5.31%，法国的 15.76%，德国的 14.33%。国防支出的相对额（防务负担）即中国年度国防支出占同期国内生产总值的比例在逐年下降，2003 ~ 2005 年分别年为 1.40%、1.38%、1.35%，比世界平均水平低很多。2010 年国防支出占 GDP 的比重只有 1.34%，这是自 2002 年以来的最低点。2011 年 1 月，国防大学教授姜鲁鸣在《学习时报》撰文指出，目前有国防支出统计数字的有 132 个国家和地区，在冷战结束后十几年来，世界各国国防支出占 GDP 的平均比重为 2.6% 左右，而我国 1.4% 左右的比例要远远落后于世界平均水平，与发达国家 3% 以上的比例更是相差甚远。1979～2009 年，国防支出占同期国家财政支出的比例总体呈下降趋势，1979 年为 17.37%，2009 年为 6.49%，2009 年与 1979 年相比，下降近十一个百分点。李肇星也指出，2008 年国际金融危机以来的三年，中国的国内生产总值按当年价格计算，年均增长 14.5%，全国财政支出年均增长 20.3%，而国防支出年均增长 13%，国防支出占国内生产总值和全国财政支出的比重分别从 2008 年的 1.33% 和 6.68% 下降到 2011 年的 1.28% 和 5.53%。2008 年《中国国防白皮书》指出，中国国防支出总额、军人人均数额，仍低于世界一些主要大国的水平。2007 年，中国年度国防支出相当于美国的 7.51%、英国的 62.43%。军人人均数额是美国的 4.49%，日本的 11.3%，英国的 5.31%，法国的 15.76%，德国的 14.33%。从国家国防负担的相对比例看，中国国防支出仅占国内生产总值的 1.38%，而美国占 4.5%，英国占 2.7%，法国占 1.92%。可见，我国国防支出的绝对额和相对额与发达国家之间的差距仍然较大。

3.4.4　一国所处的安全环境

影响一国所处安全环境的因素包括历史上的冲突因素、殖民主义因素、宗教民族的因素和地缘因素。一般说来，在国家安全环境较好的情况下，国家可以维持较低的军事投资水平，此时军事投资需求较低，军事资本形成受到一定限制。反之则需要增加军事投资，军事投资需求就大，军事资本就容易形成。

根据各国所面临的安全环境，大致可分为三种类型的国家：第一，安全环境相对较好的国家。这些国家没有明显的敌对国，如瑞典、瑞士等国家。以瑞典为例，自拿破仑时代以来，瑞典从未卷入战争，但它有完善的动员体系，经济发展水平相对较高，其防务负担比例相对比较稳定，这些国家的军事投资属于中等水平。第二，未加入军事联盟又不具有一定的安全屏障，或面临种种外来威胁的国家。这类国家所处的安全环境常常使其保持较高的军事投资。以新加坡为例，它地处海上交通要道，虽国土狭窄，但军事位置十分重要（尤其是地处海上重要通道的马六甲海峡），在历史上是超级大国与地区性强国竞相插足的地区。处于这样的战略环境，新加坡的军事投入一直保持相当高的水平，国防支出占国民生产总值的比例一直维持在 5% 左右。这部分国家多为中小国家，重视国防投入，情愿拿出较多的钱用于国防。第三，中间类型的国家。他们大多有潜在的安全隐忧，但又没有现实威胁，其军事投资相对稳定，国防力量发展保持平稳势头，这部分国家主要集中在欧洲和美洲地区。

3.4.5　国家的经济实力

一般而言，一国经济实力越强，就会有足够的财力用于军事投资，容易形成规模较大的军事资本。发达资本主义国家维持较高的军事投资，是以其强大的经济实力为后盾的。同时，当一国的经济实力提升后，为了保证经济发展的和平环境，也往往会增加军事方面的投入。

3.5　改善军事资本形成机制的措施

军事资本的形成必须包含储蓄供给、军事投资需求和储蓄转化为军事投资的渠道三个因素，因此需要从这三方面来改善军事资本形成机制和扩大军事资本规模。

3.5.1　促进军事资本形成的储蓄主体多元化

储蓄是军事资本形成的物质资源和基础，是军事投资的先导，增加的军事资本形成只能来源于增加的储蓄。因此，储蓄对军事资本的形成具有重要作用。我国的储蓄规模一直保持在较高水平，为我国军事资本的形成提供了重要的物质基础。《2010 年金融统计数据报告》显示，2010 年我国各种存款总额高达 73.34 万亿元，其中以住户存款（居民储蓄）和非金融企业存款（企业储蓄）为主，分别为 31.23 万亿元和 31.41 万亿元，占总存款额的比重分别为 42.6% 和 42.8%，而财政存款（政府储蓄）仅为 2.55 万亿元，在总存款额中的比重仅为 3.5%，其他存款（包括保险公司在银行业的存款和境外非居民存款）为 1.53 万亿元，在总存款额中的比重为 2.1%。目前，我国军事资本形成的储蓄主体主要是政府储蓄和军工企业储蓄，其中，军工企业储蓄来源于我国军工企业的利润，我国目前拥有 10 大军工集团，不足 1000 家军工企业，其利润占全国企业总利润的比重非常小，而我国政府储蓄的规模有限，这就导致了我国军事资本形成的物质基础薄弱。为了扩大军事资本形成的规模，有必要促进军事资本形成的储蓄主体多元化，军事资本的形成不能单单依赖政府和军工企业的储蓄，还需要依赖于居民储蓄和非军工企业储蓄。政府和军工企业可以采取发行国债、企业债券、股票等手段从居民储蓄中获取军事资本形成的物质基础，军工企业可以采取军民融合等方式使非军工企业储蓄成为军事资本形成的供给力量。

3.5.2　优化军事投资主体结构

军工行业的特殊性导致我国军事投资的主体主要是政府部门和军工企业，非军工企业和国外企业很少参与军事投资。我国非军工企业的储蓄占总储蓄的40％以上，如果这些企业没有军事投资需求，那么军事资本的形成就会失去一个重要的供给力量，其规模也势必会大打折扣。而国外企业在军事方面的投资可以为国内军工行业带来先进的军事技术和知识以及智力方面的经验，同时可以和国内军工企业展开竞争，进而促进军事资源的配置效率。因此，为了确保军事资本形成的规模和形成效率，需要优化军事投资主体结构，降低进入门槛，让更多的非军工企业和国外企业投资军工行业，走军民结合、军外结合的道路。

3.5.3　健全金融渠道，确保储蓄主体与投资主体的一致性

储蓄和军事投资都是资本形成的必要条件，但是当储蓄主体与军事投资主体分离时，就会存在军事资本形成机制不顺畅的可能。储蓄主体与军事投资主体分离主要是指居民储蓄和军事投资主体的分离，如果居民没有军事投资需求，那么储蓄主体（居民）就会与军事投资主体分离，这就需要财政渠道（税收、发行国债等）将居民储蓄变为政府储蓄，然后由政府利用这些储蓄进行军事投资，在这个过程中，居民与军事投资者的意愿并不统一，储蓄转化为军事投资就可能存在障碍，从而导致军事资本形成机制的不顺畅性。金融渠道通过发行股票、企业债券等方式吸引居民投资于军工行业，使居民成为军事投资的主体之一，能够保证储蓄主体与投资主体一致，也就不存在军事资本形成机制不顺畅的可能。因此，在今后我国军事资本形成的过程中，需要健全金融渠道，确保储蓄主体与投资主体的一致性，进一步改善军事资本形成机制，提高储蓄向军事资本转化的

效率。

　　总之，健全金融渠道，确保储蓄主体与投资主体的一致性，有助于改善军事资本形成机制，确保军事资本形成机制的顺畅性。促进军事资本形成的储蓄主体多元化和优化军事投资主体结构则可以扩大军事资本形成的规模和提高军事资本的形成效率。以上三条措施作为一个整体最终可以提升一个国家的军事实力，为经济发展提供安全可靠的保障。

第 4 章　军事资本的测度：模型与方法

　　目前有关我国军事实力的研究要么只是从简单的武器装备，要么只是从军费的数量和军队人数和质量方面进行研究，对我国整体军事实力的研究还很欠缺，只有查尔斯·沃尔夫（1989，1995，2000）、胡鞍钢（2003）等人运用永续盘存法从军事资本的角度研究了我国军事实力。查尔斯·沃尔夫对我国军事资本长期趋势的估算，缺乏对中国国防战略的具体分析，严重高估了中国国防支出在GDP中的比重，进而高估了中国军事资本存量。同时，沃尔夫等人在采用永续盘存方法测度军事资本存量时没有说明永续盘存法的原理，只是简单地借用了资本存量测算的公式，没有严格区分资本品的效率递减模式，而是根据假定给出了一个变化的折旧率。而永续盘存法测度资本的公式只有在折旧率为常数时才成立。因此，沃尔夫等人对军事资本中的测度不能令人信服。为此，很有必要阐述永续盘存法的原理及其在测量军事资本中的应用。本章通过阐述永续盘存法的原理，总结出采用该方法测度军事资本的基本步骤，以便为下一章进行的中国军事资本测度提供理论基础。

4.1　永续盘存法的提出

　　永续盘存法最早由戈德史密斯（Goldsmith）在1951年提出。1954年，罗宾逊在研究生产函数时又提出经济学中的"维克赛效应（Wicksell Effect）"。罗宾逊指出，要想得到劳动边际生产力（即工资）和资本的边际生产力（即利息），也就是要想得到总量生产函数的 $Y = f(K, L)$ 的两个偏导数，首先要确定两个自变量 L 和 K，但资本量不能独立于利息率或利润率先计量出来。因此，通过将总量生产函数对资本求偏导数的方法来求得利息率，从而陷入利息率→资本量→利息率的循环推理之中，这就是所谓的资本测量的"维克赛效应"或"李嘉图难题"。[①]

自从罗宾逊提出资本测量的"维克赛效应"以来，资本存量估算一直是经济学学派的重要研究领域，并提出了各种资本存量的测量方法。纵观整个经济学流派，概括来讲，测量资本存量价值一般使用两种方法。一是预期未来收入法，即将预期未来各个时期资本收入的折现值之和作为资本资产的价值，这种方法本质是未来收入的资本化计算。二是购置成本法，即在某一时点上购买现存的资本资产所需支出的成本之和，永续盘存法（Permanent Inventory Method，PIM）就是这种方法的典型代表，其原理就是在某个时点盘点所有不同类型、不同年龄的资本品，计算购买所有这些资本品所需要的成本即为资本存量。

克里斯滕森和乔根森（Christensen，Laurits R. & Jorgenson，Dale W.，1973）将投资品价格和资本服务租赁价格的概念引入永续盘存法，形成了资本存量与资本服务价格即数量与价格的对偶体系，大大扩展了永续盘存法的功能。克里斯滕森、柯明斯和乔根森（1980）在应用实践中对扩展后的方法进行了检验和完善，使得扩展后的永续盘存法占据了资本存量核算的主流地位。永续盘存法计算资本存量能够充分利用较长时期连续的、相对可靠的投资统计资料，并可以任意选用某一存量资料较为齐全的年份作为基期往前或往后逐年递推，因此得到广泛应用。目前经济合作与发展组织（OECD）国家定期公布成员国的资本存量数据，就是利用永续盘存法得到的。下面介绍这一方法的基本原理。

一般而言，每年的投资数据比较容易得到，而目前的问题在于如何从投资数据中得到资本存量的数据，永续盘存法便可以解决这个问题。永续盘存法计算的生产性资本存量是以不变价格计量的过去投资的加权和，权重是不同役龄资本品的相对效率。计算公式如下：

$$K(t) = \sum_{\tau=0}^{\infty} d(\tau) I(t - \tau) \qquad (4.1)$$

$d(\tau)$ 为不同役龄资本品的相对效率，即资本品 τ 年前投资的权数；$I(t - \tau)$ 为 τ 年前以不变价表示的投资数。

---

① J. Robeinson. Collected Economics Paper. 1960(2).

资本存量是用来表示一定时点正在使用的资本品数量。一般而言，绝大部分资本品随着役龄的增加其使用效率也会不断降低。换言之，旧的资本品效率与新资本品效率总是有一定差距的，而且这种相对效率会随着役龄的增长而递减，相对而言建筑物效率衰减速度比机器的衰减速度慢一些。当然，也有一些资本品效率不变，比如，日光灯在它的寿命期内发出的光几乎不会因为年龄而有所减弱，但权数 d(τ) 也并不会等于 1，因为资本品是有寿命的，当寿命结束时，其效率也就变为 0。永续盘存法的特点在于既考虑了资本品随役龄增加而产生的效率递减对资本存量的影响，又考虑了不同品种资本品在效率衰减速度上的差异。

资本品的相对效率 d(τ) 由其役龄 τ 所决定。假设新资本品的相对效率等于 1；相对效率随役龄增加是非增的；而且任何一个资本品最终都要退出使用，此时它的相对效率降为 0，即：

$$\begin{cases} d(0)=1, d(\tau)-d(\tau-1)\leqslant 0 & (\tau=1,2,\cdots,L-1) \\ d(\tau)=0 & (\tau=L,L+1,\cdots), L \text{ 为资本品的寿命期} \end{cases}$$

可见，资本的相对效率取决于其役龄的长短。对于一般的资本品而言，新投入使用资本品的相对效率为 1，随着其役龄的逐渐增加，资本品的相对效率是非增的（不变或者降低），最后当资本品折旧完毕时，其相对效率就变为 0。由于资本品的相对效率随役龄增加而下降，为了保持原有的资本品效率，就必须进行重置。采用符号 m(τ) 表示役龄为 τ 年的资本品效率损失的比率或重置比例，也称为死亡率（mortality）。一项投资在役龄为 τ 时要重置的比例 m(τ) 等于从役龄 $\tau-1$ 到役龄 τ 间效率的减少量，用公式表示如下：

$$m(\tau) = d(\tau-1) - d(\tau) = -[d(\tau)-d(\tau-1)] \qquad \tau=1,2,\cdots,L$$

$$(4.2)$$

死亡率 m (τ) 有两个性质。第一，由于资本品的相对效率是非增的，因此死亡率为役龄 τ 的非负函数：$m(\tau)\geqslant 0$，$\tau=1$，2，$\cdots$，L。第二，所有役龄的死亡率之和等于 1：$\sum_{\tau=1}^{\infty} m(\tau) = \sum_{\tau=1}^{\infty} [d(\tau-1)-d(\tau)] = d(0) = 1$。

4.2　重置需求和重置率

本书引入重置率 $\delta(\tau)$ 表示役龄为 τ 年资本品被重置的比重，这个比重是最初投资购置某资本品后第 τ 期为维持原有的资本存量需要重新购置的比例。如果在 $\tau+1$ 年前没有任何资本品，则 τ 年前购买的资本品数量就是当年的资本存量，假定此后资本存量不再继续增加，那么每年的投资仅仅是为了保持最初的资本存量水平。重置率包括二部分：一是因初始资本存量的效率下降产生的重置需求；二是每一次后继重置的所有重置。重置率 $\delta(\tau)$ 可以利用以下更新递归地计算出来：

$$\delta(\tau) = m(1)\delta(\tau-1) + m(2)\delta(\tau-2) + \cdots + m(\tau)\delta(0), \tau = 1,2,\cdots$$

$$(4.3)$$

$\delta(\tau)$ 也被称为重置分布。其中，$\delta(0)$ 可理解为当期需要购买资本品的比例，其值为 1，也就是当年需要购买全部的资本品，重置率为 1。等式（4.3）可改写为：

$$\delta(\tau) = \begin{cases} m(1)\delta(\tau-1) + m(2)\delta(\tau-2) + \cdots + m(\tau-1)\delta(1) + m(\tau), (\tau=1,2,\cdots) \\ 1, (\tau=0) \end{cases}$$

$$(4.4)$$

同时引入重置需求 $R(t)$，$R(t)$ 是指保持原有的生产能力不变（或者说效率不变）而必须补偿的资本数量，用公式可表示为：

$$R(t) = \sum_{\tau=1}^{\infty} m(\tau)I(t-\tau) \qquad (4.5)$$

我们也可以对公式（4.1）做一阶差分而得到重置需求 $R(t)$：

$$K(t) - K(t-1) = I(t) - \sum_{\tau=1}^{\infty} m(\tau)I(t-\tau) = I(t) - R(t) \qquad (4.6)$$

所以，$\quad R(t) = \sum_{\tau=1}^{\infty} m(\tau)I(t-\tau) = I(t) + K(t-1) - K(t) \qquad (4.7)$

同时，利用重置分布 $\delta(\tau)$，$R(t)$ 还可以用过去资本存量的变化来表示：

$$R(t) = \sum_{\tau=1}^{\infty} \delta(\tau)\left[K(t-\tau) - K(t-\tau-1)\right] \qquad (4.8)$$

4.3 乔根森的租赁价格模型和资本折旧

任何一项资本一旦投入使用便会产生折旧，我们把其称之为资本折旧。乔根森使用资本租赁价格的概念，对资本折旧的经济意义进行了界定，由此得到的价格数据与传统的永续盘存法所提供的资本存量数据之间形成一一对应的关系，称之为对偶性。乔根森通过引入资本品的租赁市场假设，对偶地建立起了租赁价格模型。乔根森假设存在一个理想的租赁市场，生产者所需的一切资本都是通过租赁得到的，并且不需要为购买和卖出资本付出任何额外的代价。这假定了生产者可以随时根据需要来调节他的资本存量。在完全市场竞争下，资本投入的租赁价值等于资本的全部报酬。在竞争均衡条件下，资本品的当期购置价格等于它未来所有的期望租赁收入的折现之和。由于相对效率的递减以及资本品的报废，各年的租赁收入等于新资本品租赁价格的加权，权数与资本存量估算中的权数完全一致。用 $P_I(t)$ 表示一般资本品的购置价格。资本品的租赁价格记为 $P_K(t)$，根据乔根森的租赁价格模型，可以得到：

$$P_I(t) = \sum_{\tau=0}^{\infty} d(\tau) \prod_{S=1}^{\tau+1} \frac{1}{1+r(t+S)} P_K(t+\tau+1)$$

$$= \sum_{\tau=1}^{\infty} d(\tau-1) \prod_{S=1}^{\tau} \frac{1}{1+r(t+S)} P_K(t+\tau) \tag{4.9}$$

其中，$\prod_{S=1}^{\tau} \dfrac{1}{1+r(t+S)}$ 表示时刻 $(t+\tau)$ 对资本租赁价格 $P_K(t+\tau)$ 进行折现时的折现因子。

对式（4.9）进行一阶差分得：

$$P_I(t) - [1+r(t)]P_I(t-1) = -P_K(t) + \sum_{\tau=1}^{\infty} m(\tau) \prod_{S=1}^{\tau} \frac{1}{1+r(t+S)}$$

$$P_K(t+\tau) = -P_K(t) + P_D(t) \tag{4.10}$$

其中，$r(t)$ 表示 t 期的资本收益率，$P_D(t) = \sum_{\tau=1}^{\infty} m(\tau) \prod_{S=1}^{\tau} \dfrac{1}{1+r(t+S)} P_K(t+\tau)$ 表示折旧。折旧还可以以资本品的购置价格表示：

$$P_D(t) = \sum_{\tau=1}^{\infty} m(\tau) \prod_{S=1}^{\tau} \frac{1}{1+r(t+S)} P_K(t+\tau)$$

$$= \sum_{\tau=1}^{\infty} \delta(\tau) [P_I(t+\tau) - P_I(t+\tau-1)] \tag{4.11}$$

式（4.11）中的 $\delta(\tau)$ 表示的是折旧率，与重置率在数值和经济意义上都不同。本章后面将专门研究有关资本折旧和资本重置的问题。

4.4　相对效率递减模式的选择

由式（4.1）可以看出，要想确定资本存量，必须知道资本品的相对效率 $d(\tau)$。相对效率递减的模式通常假定三种："单驾马车"模式（one-hoss shay）、线性递减模式（主要是直线递减模式）和几何递减模式。下面介绍三种效率递减模式下的相对效率及其每种模式下资本的折旧和重置，进而明确如何应用永续盘存法对资本存量进行测量。

4.4.1　"单驾马车"模式

"单驾马车"模式假设相对效率 $d(\tau)$ 在寿命 L 内不变，即相对效率在役龄为 L 前保持为 1，在 L 期突然失效，在 L 期及以后各期相对效率变为零。其相对效率模式为：

$$d(\tau) = \begin{cases} 1,(\tau = 01,\cdots,L-1) \\ 0,(\tau = L,L+1,\cdots) \end{cases} \quad (4.12)$$

由于 $m(\tau) = d(\tau-1) - d(\tau) = -[d(\tau) - d(\tau-1)]$，所以死亡率分布 $m(\tau)$ 为：

$$m(\tau) = \begin{cases} 1,(\tau = L) \\ 0,(\tau = 0,1,\cdots,L-1,L+1,L+2,\cdots) \end{cases} \quad (4.13)$$

重置分布 $\delta(\tau)$ 服从周期为 L 的周期分布，也就是说在时期 L、$2L$、$3L$ 等寿命 L 的整数倍时，$\delta(\tau)$ 为 1，在其他时期为 0：

$$\delta(\tau) = \begin{cases} 1,(\tau = L,2L,\cdots) \\ 0,(\tau \text{为其他值}) \end{cases} \quad (4.14)$$

由于重置需求 $R(t) = \sum_{\tau=1}^{\infty} \delta(t)[K(t-\tau) - K(t-\tau-1)]$，所以重置需求 $R(t)$ 与重置分布 $\delta(\tau)$ 类似，将式（4.14）中的 $\delta(\tau)$ 值代入式（4.8），得到重置需求的值：

$$R(t) = [K(t-L) - K(t-L-1)] + [K(t-2L) - K(t-2L-1)]\cdots$$

$$(4.15)$$

此时，将式（4.15）中的 $R(t)$ 代入式（4.6），得到这种模式下资本品的资本存量：即由 $K(t) - K(t-1) = I(t) - \sum_{\tau=1}^{\infty} m(\tau)I(t-\tau) = I(t) - R(t)$，得到：

$$\begin{aligned}
K(t) &= K(t-1) + I(t) - \sum_{\tau=1}^{\infty} m(\tau)I(t-\tau) = K(t-1) + I(t) - R(t) \\
&= K(t-1) + I(t) - \{[K(t-L) - K(t-L-1)] \\
&\quad + [K(t-2L) - K(t-2L-1)]\cdots\}
\end{aligned}$$

$$(4.16)$$

由于 $P_D(t) = \sum_{\tau=1}^{\infty} m(\tau) \prod_{S=1}^{\tau} \dfrac{1}{1+r(t+S)} P_K(t+\tau)$，将式（4.13）中的 $m(\tau)$ 代入，可以得到用资本品的租赁价格表示的折旧：

$$P_D(t) = \prod_{S=1}^{L} \frac{1}{1+r(t+S)} P_K(t+L)$$

$$(4.17)$$

用资本品的购置价格，折旧还可以表示为：

$$P_D(t) = \sum_{\lambda=1}^{\infty} \Big[\prod_{S=1}^{\lambda L} \frac{1}{1+r(t+S)} P_I(t+\lambda L) - \prod_{S=1}^{\lambda L-1} \frac{1}{1+r(t+S)} P_I(t+\lambda L) \Big]$$

$$(4.18)$$

4.4.2　直线递减模式

如果相对效率分布如下：

$$d(\tau) = \begin{cases} 1 - \dfrac{\tau}{\theta L}, & (\tau = 0,1,\cdots,L-1) \\ 0, & (\tau = L, L+1, \cdots) \end{cases}$$

$$(4.19)$$

则称为线性递减模型，其中，L 为资本品的寿命。特别地，当 $\theta = 1$，则为直线递减模式，$\theta = \infty$ 时，为（0，1）模式。在实际应用中，直线递减模式应用较为广泛，下面主要阐述直线递减模式，效率模式如下：

$$d(\tau) = \begin{cases} 1 - \dfrac{\tau}{L}, & (\tau = 0,1,\cdots,L) \\ 0, & (\tau = L+1, L+2, \cdots) \end{cases}$$

$$(4.20)$$

死亡率分布 $m(\tau)$ 在 $[1, L-1]$ 内为常数，在其他范围为 0：

$$m(\tau) = \begin{cases} \dfrac{1}{L}, (\tau = 1,2,\cdots,L) \\ 0, (\tau = L+1,L+2,\cdots) \end{cases} \qquad (4.21)$$

重置分布为：$\delta(\tau) = \dfrac{1}{L}\left(1 + \dfrac{1}{L}\right)^{\tau-1},(\tau = 1,2,\cdots,L)$

重置需求：

$$R(t) = \frac{1}{L}\sum_{\tau=1}^{L} I(t - \tau) \qquad (4.22)$$

或

$$R(t) = \frac{1}{L}\left[K(t-1) - K(t-2)\right] + \frac{1}{L}\left(1 + \frac{1}{L}\right)\left[K(t-2) - K(t-3)\right] + \cdots$$

$$(4.23)$$

将式（4.22）和（4.23）中的 $R(t)$ 代入式（4.6），得到直线递减模式下资本存量。即由 $K(t) - K(t-1) = I(t) - \sum_{\tau=1}^{\infty} m(\tau)I(t-\tau) = I(t) - R(t)$，得到：

$$K(t) = K(t-1) + I(t) - \sum_{\tau=1}^{\infty} m(\tau)I(t-\tau) = K(t-1) + I(t) - R(t)$$

$$= K(t-1) + I(t) - \frac{1}{L}\sum_{\tau=1}^{L} I(t - \tau) \qquad (4.24)$$

或：

$$K(t) = K(t-1) + I(t) - \sum_{\tau=1}^{\infty} m(\tau)I(t-\tau) = K(t-1) + I(t) - R(t)$$

$$= K(t-1) + I(t) - \left[K(t-L) - \left\{\frac{1}{L}\left[K(t-1) - K(t-2)\right]\right.\right.$$

$$+ \frac{1}{L}\left(1 + \frac{1}{L}\right)\left[K(t-2) - k(t-3)\right] + \cdots\right\} \qquad (4.25)$$

在直线递减模式下，折旧：

$$P_D(t) = -\frac{1}{L}\sum_{\tau=1}^{L}\prod_{S=1}^{\tau}\frac{1}{1 + r(t+S)}P_K(t+\tau) \qquad (4.26)$$

或：

$$P_D(T) = -\frac{1}{L}\Big[\frac{1}{1+r(t+1)}P_I(t+1) - P_I(t)\Big]$$

$$-\frac{1}{L}\Big(1+\frac{1}{L}\Big)\Big[\prod_{S=1}^{\tau}\frac{1}{1+r(t+S)}P_I(t+\tau) - \frac{1}{1+r(t+1)}P_I(t+1)\Big]$$

$$(4.27)$$

4.4.3　几何递减模式

在几何递减模式下，设资本品相对效率的递减速度为 $1-\delta(0<\delta<1)$，相对效率可表示为 δ 的函数：

$$d(\tau) = (1-\delta)^{\tau}, (\tau = 0,1,\cdots) \qquad (4.28)$$

死亡率分布：

$$m(\tau) = d(\tau-1) - d(\tau) = (1-\delta)^{\tau-1} - (1-\delta)^{\tau}$$
$$= \delta(1-\delta)^{\tau-1} = \delta d(\tau-1), (\tau = 1,2,\cdots) \qquad (4.29)$$

重置分布：

$$\delta(\tau) = \delta, (\tau = 1,2,\cdots) \qquad (4.30)$$

即重置分布服从以 δ 为常数的分布。具体推导如下：

由于 $\delta(0)=1$，将其代入式（4.3），得出 $\delta(1)=m(1)\delta(0)=\delta$，然后将 $\delta(0)=1$ 和 $\delta(1)=\delta$ 代入式（4.3），得：$\delta(2)=m(1)\delta(1)+m(2)\delta(0)=\delta\cdot\delta+\delta(1-\delta)=\delta^2+\delta-\delta^2=\delta$，同理，可以得到 $\delta(3)=\delta(4)=\cdots=\delta$。可见在几何递减模式下，资本品的重置率等于折旧率。

将式（4.29）中的 $m(\tau)$ 代入式（4.7），得到在几何递减模式下资本的重置需求：

$$R(t) = \sum_{\tau=1}^{\infty}m(\tau)I(t-\tau) = \sum_{\tau=1}^{\infty}\delta d(\tau-1)I(t-\tau)$$
$$= \delta\sum_{\tau=1}^{\infty}d(\tau-1)I(t-\tau) \qquad (4.31)$$

由 $K(t) = \sum_{\tau=0}^{\infty}d(\tau)I(t-\tau)$，可知，

$$K(t-1) = \sum_{\tau=0}^{\infty} d(\tau)I(t-\tau-1) = \sum_{\tau=1}^{\infty} d(\tau-1)I(t-\tau) \qquad (4.32)$$

比较式（4.31）和式（4.32），可得出在几何递减模式下资本的重置需求：

$$R(t) = \delta K(t-1) \qquad (4.33)$$

将式（4.33）中的重置需求代入式（4.6），得出在几何递减模式下资本存量的计算公式：

$$K(t) = K(t-1) + I(t) - R(t) = I(t) + (1-\delta)K(t-1) \qquad (4.34)$$

式（4.34）就是经常被用来测量资本存量的公式。

在几何递减模式下，资本折旧：

$$\begin{aligned}
P_D(t) &= \sum_{\tau=1}^{\infty} m(\tau) \prod_{S=1}^{\tau} \frac{1}{1+r(t+S)} P_K(t+\tau) \\
&= \sum_{\tau=1}^{\infty} \delta d(\tau-1) \prod_{S=1}^{\tau} \frac{1}{1+r(t+S)} P_K(t+\tau) \\
&= \delta \sum_{\tau=1}^{\infty} d(\tau-1) \prod_{S=1}^{\tau} \frac{1}{1+r(t+S)} P_K(t+\tau) \qquad (4.35)
\end{aligned}$$

比较式（4.9）和式（4.35），得出几何递减模式下，

$$P_D(t) = \delta P_I(t) \qquad (4.36)$$

而折旧率为资本折旧除以购置价格，由式（4.36）可知，资本的折旧率为 δ。可见，在相对效率几何递减模式下资本重置率等于折旧率，都等于 δ。

通过研究相对效率递减模式可知，确定资本相对效率的模式是测量资本存量的关键。丹尼森（Denison，1962b，1967，1979）在度量资本存量时应用线性下降的相对效率，实际上他应用了直线型与"单驾马车"形态的三种不同加权平均形式。肯德里克（Kendrick，1973）进行以"净收入"为基础在各类资产之间分配财产报酬时应用了基于线性下降的资本存量估计。[①]乔根森（1967，1968，1973，1986，1987，1989）采用几何递减相对效率形态。乔根森等（1987）认为丹尼森对资本投入的度量方法没有建立在对资本存量和资本服务价格进行内在一致处理的基础上。他们指出，在线性递减模式下，折旧率与重置率有着不同的意义，

---

① D. W. 乔根森著，李京文等译. 生产率：第2卷：经济增长的国际比较 [M].北京：中国发展出版社，2001.

它们之间也不相等，利用折旧率来表示资本品的重置率，造成了资本投入估算的内在不一致性。赫尔滕和威柯夫（Hulten & Wykoff，1981）、库恩（Coen，1980）发现多数耐用品的相对效率服从几何递减模式或近似递减的模式。[1][2]

4.5　资本折旧和资本重置

通过以上分析可以看出资本折旧和资本重置是两个完全不同的概念。资本重置是为保持原有的生产能力不变（或者说效率不变）而必须补偿的资本数量。折旧则是为保持资本品的效率需要恢复的价值，它测算的是资本品随使用年限增加的价值损失。或者说重置是在资本品发生磨损的条件下，为保持原有资本品的生产效率所需补充的投资数量。而折旧是资本品在生产过程中随磨损逐期转移到产品中去的价值。可见，折旧与价值有关，重置与数量有关。重置是对资本存量效率损失所需进行的数量补偿，对应地，折旧是对资本存量效率损失的价值补偿。正如乔根森所说，重置反映的是所有过去获得的资本品效率在现在的递减，而折旧反映的是资本品的所有未来效率递减的当前价值（贴现值）。[3] 资本折旧不同于资本重置，资本的折旧率在一般情况下也不等于资本重置率。通过以上分析可知，在相对效率为几何递减模式时，资本折旧率等于重置率。也正是这样，国内的一些研究并没有进行任何假定就直接利用式（4.34）计算资本存量，并未注意到其中的隐含条件。忽略折旧与重置的区别，往往会导致资本度量上的偏差。[4]

4.6　永续盘存法估计资本存量的步骤

通过以上分析可知，当相对效率为几何递减模式时，采用永续盘存法估计资

---

[1]　Hulten，Charles R. Frank C. Wykoff. 1981. The Estimation of Economic Depreciation Using Vintaye Asset Price；An Application of the Box-cox Power Transformation. Journal of Econometrics/5，no. 3.

[2]　Coen，Robert. 1980. Depreciation，Profits，and Rates of Return in Manufacturing Industries. In The Measurement of Capital，Danusher，Chicago，IL：Rand，University of Chicago Press.

[3]　索洛等. 经济增长因素分析［M］.北京：商务印书馆，1991.

[4]　郑玉歆，许波. 资本度量中的数量与价值量［J］.数量经济技术经济研究，1992（11）.

本存量的步骤可分为四步：（1）确定一个基期资本存量；（2）对现行价格的投资序列进行缩减以得到一个可比价格投资序列；（3）确定合适的重置率；（4）采用式（4.34）计算出资本存量序列。相应地，使用永续盘存法估算资本存量需要确定四类信息：初始资本存量总额数据、该初始点之后历年资本形成总额序列、资产价格指数、重置率或折旧率。本书第5章将结合我国军事资本测量的特点来讨论如何确定这四类信息。当相对效率采用"单驾马车"模式时，需要利用式（4.16）测量资本存量。当相对效率采用直线递减模式时，需要利用式（4.25）测量资本存量。永续盘存法估计资本存量的步骤可用图4-1表示如下：

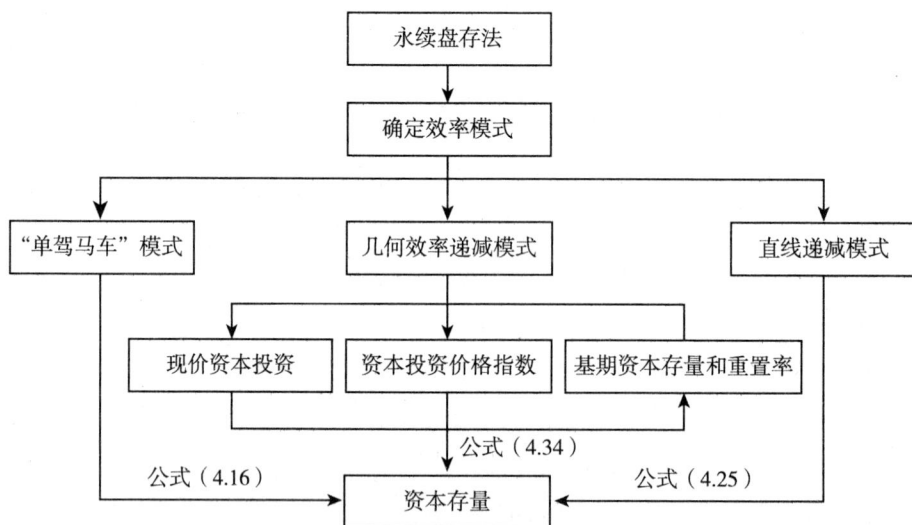

图4.1　永续盘存法资本存量测量程序

通过以上分析可以看出，只有在几何效率递减模式下，资本的重置率才等于折旧率，进而可以利用式（4.34）对资本进行测度。查尔斯·沃尔夫等人简单套用了式（4.34）对军事资本进行测度，没有严格区分资本品的效率递减模式，只是根据假定给出了一个变化的折旧率。套用式（4.34）对军事资本进行测度，没有意识到式（4.34）成立的条件（即资本品的折旧率为常数）。同时，由于缺乏对中国国防战略的具体分析，严重高估了中国国防支出在GDP中的比重，进而高估了中国军事资本存量。为此，很有必要在阐述永续盘存法原理及其在测算军事资本应用的基础上，进一步细化测算过程中各种参数，这部分将在本书第5章完成。

第 5 章 军事资本的测度

本章将运用永续盘存法，对我国 1952～2013 年军事资本（军事实力）进行测度。由于无法直接得到军事投资的数据，而是采用军事投资占国防支出的比重和国防支出的乘积作为军事投资的数据。所以，在相对效率遵循几何递减模式下，和一般资本存量测量的步骤相比，测量军事资本还要多出测算军事投资这一步。具体步骤如下：

（1）确定国防支出序列；

（2）确定军事投资或军事投资比例 π；

（3）确定合适的折旧率或重置率 δ；

（4）确定价格指数对现行价格的军事投资序列进行缩减以得到一个可比价军事投资序列；

（5）确定基期或初始军事资本存量——初始军事资本；

（6）采用式（4.34）计算出军事资本存量序列，即可得到军事资本的数据。

5.1　国防支出的确定

我国国家统计局每年定期公布我国国防支出数据，国外也有许多研究我国国防支出的机构，例如斯德哥尔摩国际和平研究所（SIPRI）、美国军备控制与裁军署（ACDA）、美国中央情报局（CIA）、美国国防情报局（DIA）、伦敦国际战略研究所（IISS）、世界银行（World Bank）、兰德公司（RAND Corporation）等。然而绝大多数国外机构由于采用的方法以及研究目的的不同，对我国国防支出的估计基本上都要高于中国官方提供的数据。例如，美国军备控制与裁军署对我国国防支出的估计相当于中国官方数据的7.6倍,①带有明显的政治偏见。图5.1反映了国外某些机构对我国2003年国防支出的估算。由图5.1可以看出,世界各大机构对我国2003年度的国防支出的估计从306亿美元到1410亿美元,其中306亿美元是兰德公司保守估算的结果,斯德哥尔摩国际和平研究所采用市场汇率(MER)估算出来的数据为331亿美元,和兰德公司的保守估计比较接近。1410亿美元是斯德哥尔摩国际和平研究所采用购买力平价(PPP)估算的结果。而2003年我国国防支出的官方数据为223亿美元。通过比较可以看出,斯德哥尔摩国际和平研究所采用市场汇率(MER)对我国国防支出的估算比较接近我国实际情况,一方面是因为斯德哥尔摩国际和平研究所是一家比较中立的机构,测算相对客观,另一方面斯德哥尔摩国际和平研究所也是一家对中国国防支出进行长期跟踪测算的国际性权威机构,而其他绝大多数机构对我国国防支出的估算带有很强的政治色彩。为此,本书在第6章测算世界主要国家以及中国台湾的军事资本时,间接地采用了斯德哥尔摩国际和平研究所利用市场汇率(MER)估算的国防支出数据,从而为后面进行不同国家及中国台湾军事资本的比较提供一个统一的标准。由于数据的可获得性,本书采用了齐泽民、郝万禄等(2008)根据斯德哥尔摩年鉴(1986,1988,1996,1999,2002,2006)以及斯德哥尔摩世界军费数据库整理出来的1979~2005年斯德哥尔摩国际和平研究所对国防支出估算的数据,这种数据采用的是MER汇率和2003年不变美元价。②

国外很多机构出于各种目的认为中国国防支出不透明,官方数据偏低。实际上,正如解放军军事科学家研究员陈舟所说,中国的国防支出是客观的、透明的,中国不存在什么隐性军费,中国的国防支出的增长是严格按照国家安全和国防的需求,同时也考虑到了中国经济发展的水平,根据这样一个情况,2008年的中国国防白皮书回顾了自1978年以来整个国防支出增长的情况,中国的国防支出都明显低于GDP增长和国家财政支出增长,在20世纪80年代到90年代初,当时国家以经济建设为中心,那个时候有一句话,军队要忍耐。国防投入少,国家经济建设投入大。所以后来很长一段时

① 陈炳福.西方国家对中国国防支出的测算:差异与问题[J].中国国防经济,2003(1).
② http://milexdata.sipri.org.

间，即 20 世纪 90 年代国防支出的增长属于补偿性的增长，主要是因为前十几年欠账太多。[①] 据此，本书认为采用我国官方公布的国防支出数据更能反映出我国军事资本的真实情况。有关我国国防支出 2004 年前的官方数据来自《新中国五十五年统计资料汇编》，2005～2013 年的数据来自《中国统计年鉴》以及国家统计局网站发布的相关数据，数据见表 5.1。

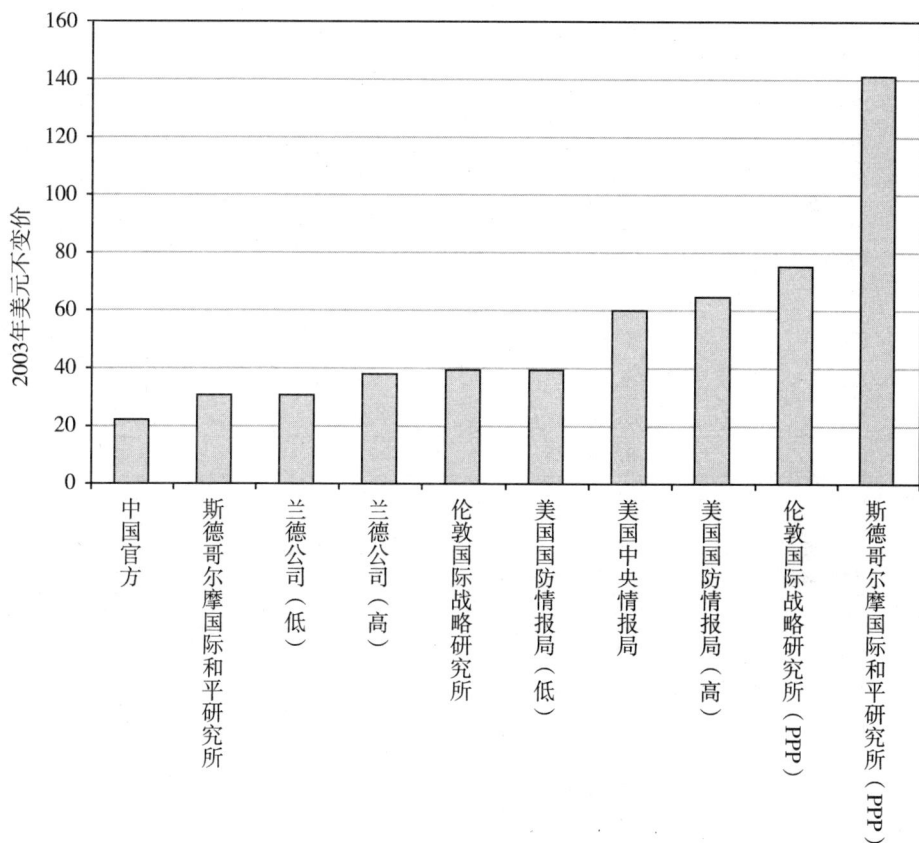

图 5.1　世界各机构对我国 2003 年国防支出的估算

资料来源：Office of the Secretary of Defense, Annual Report to Congress：Military Power of the People's Republic of China 2007.

---

① 中新网 2009 年 1 月 20 日电，专家：中国国防费客观透明，不存在隐性军费。

表 5.1　　　　　　　　1950～2013 年我国国防支出数据表　　　　单位：亿元

年份	国防支出	年份	国防支出
1950	28.01	1982	176.35
1951	52.64	1983	177.13
1952	57.84	1984	180.76
1953	75.38	1985	191.53
1954	58.13	1986	200.75
1955	65	1987	209.62
1956	61.17	1988	218
1957	55.11	1989	251.47
1958	50	1990	290.31
1959	58	1991	330.31
1960	58	1992	377.86
1961	50	1993	425.8
1962	56.94	1994	550.71
1963	66.42	1995	636.72
1964	72.86	1996	720.06
1965	86.76	1997	812.57
1966	101.01	1998	934.7
1967	83.02	1999	1076.4
1968	94.09	2000	1207.54
1969	126.18	2001	1442.04
1970	145.26	2002	1707.78
1971	169.47	2003	1907.87
1972	159.39	2004	2200.01
1973	145.39	2005	2474.96
1974	133.39	2006	2979.38
1975	142.46	2007	3554.91
1976	134.45	2008	4178.76
1977	149.04	2009	4951.10
1978	167.84	2010	5333.37
1979	222.64	2011	6027.91
1980	193.84	2012	6691.92
1981	167.97	2013	7409.06

资料来源：1950～2004 年数据来自《新中国五十五年统计资料汇编》，2005～2013 年数据来自《中国统计年鉴》以及国家统计局发布的相关数据。

5.2 军事投资比例 π 的确定

在确定国防支出之后，还需要确定军事投资在国防支出中所占的比例 π 以计算历年的军事投资。国防支出是国家用于国防建设和战争的专项经费，是国家分配社会产品所形成的特定部分和财政预算支出的一个项目。一个国家国防支出的数额主要根据世界局势的紧张和缓和、国家安全战略和军事战略以及国家经济实力等因素而确定。我国的国防支出包括人员生活费、训练维持费、装备费。人员生活费主要用于军官、文职干部、士兵和职工的工资、伙食、服装等；训练维持费主要用于部队训练、工程设施建设及维护和日常消耗性支出；装备费主要用于武器装备的科研、试验、采购、维修、运输和贮存等。本书所指的军事投资主要是国防支出中用于装备费的投资。查尔斯·沃尔夫在 1989 年估算军事投资时，运用军事投资对机器和建筑部门（不包括农业机械）1965~1971 年的总产出进行回归得到 1950~1965 年的军事投资数据。然后他从美国情报局（DIA）获得 1966~1983 年以 1874 年不变价计量的军事投资数量（以元计价）。在 1995 年确定军事投资数量时，通过确定军事投资在军费中所占比例 π 来确定军事投资的数量，π 的变化范围为 23%~30%。胡鞍钢假定国防支出中 30% 为资本品投资，即 π 为 30%，并指出这个比例与查尔斯·沃尔夫等人的假定基本一致。

然而，从动态变化来看，国防支出越多，武器装备费在总费用中所占比重便越多，而人员生活费等所占比重便越小；反之，国防支出越少，用于武器装备的费用越少，用于人员生活等项费用越多。在国防支出的构成要素中，武器装备采购费是国防支出中最易变化的因素。国防支出增加，首先增加的是武器装备费；国防支出减少，其次削减的也是武器装备采购费。根据美国的估计，武器装备费变化与国防支出变化之间的系数关系大约是二比一，国防支出每变化一成，武器装备费便会按照相同方向变化二成。可见，国防支出的多少，直接影响武器装备的发展水平，最终影响军队现代化的进程。随着军事科学技术水平的不断提高和军工生产的不断发展，武器装备日益向着自动化、智能化、集约化的方向发展，操纵武器装备所需的人力较过去大大减少。同时，一件先进的武器装备，往往集中了许多科学的研究成果，研究费用大，价格昂贵，导致装备费用提高。例如，根据美国《1985 财年国防报告》提供的资料，按照 1985 年不变美元价格计算，军事人员费、采购费、军事投资（即采购费、研究试验鉴定费、军事建筑费三项合计）在国防支出中的比重见表5.2。

表5.2　　　　　　美国军事人员、采购费和军事投资在国防支出中的比重　　　单位:%

年份	军事人员占国防支出	采购费占国防支出	军事投资占国防支出
1972	35.7	24.1	35.2
1976	34	23.6	35.4
1980	32	25.4	36.2
1982	26.7	31.1	43.1
1983	25.5	34.4	45.8
1984	25.2	33.6	45.7
1985	23.1	35.3	48.8

资料来源：库桂生.国防经济效益浅论［M］.北京：国防大学出版社，1988.

由上表可以看出，1972～1985年，美国军事人员费用在国防支出中的比重由35.7%下降到23.1%，采购费由24.1%上升到35.3%，军事投资从35.2%上升到48.8%。俄罗斯、日本等国也呈现相同的趋势。

冷战后，由于国际环境的相对缓和，无论是发达国家还是发展中国家都不同程度地压缩了军队规模。我国在20世纪90年代也进行了大规模的裁军，相对提高了装备费在国防支出中的比重。表5.3反映了20世纪90年代以来我国国防支出结构变化情况。

由表中可以看出，我国虽然进行了大规模的裁军，但用于军事人员的国防支出每年还是增加的，由1994年的187.74亿元增加到2009年的1685.28亿元，平均增长速度为13.78%，人员生活费占国防支出的平均比重为33.46%。同时装备费用也由1994年的174.52亿元增长到2009年的1595.87亿元，平均增长速度为13.9%，装备费占国防支出的平均比重为32.84%。

由国务院新闻办发布的《2010年中国的国防》白皮书明确写道："中国国防费主要由人员生活费、训练维持费和装备费三部分组成，各部分大体各占1/3。"《2008年中国的国防》白皮书也指出，从国防支出的人员生活费、训练维持费和装备费三项主要构成来看，2/3的国防支出用于军队生活、训练等维持性开支。

表5.3　　　　　　　　　　我国国防支出结构变化

年份	人员生活费（亿元）	训练维持费（亿元）	装备费（亿元）	人员生活费比重（%）	训练维持费比重（%）	装备费比重（%）
1994	187.74	188.45	174.52	34.09	34.22	31.69
1997	291.62	265.36	255.59	35.89	32.66	31.45
1998	322.7	298	314	34.52	31.88	33.59
1999	348.6	380.3	347.8	32.39	35.33	32.31
2000	405.5	412.74	389.3	33.58	34.18	32.24
2001	461.63	485.81	494.6	32.01	33.69	34.3
2002	540.43	581.23	572.78	31.65	34.03	33.54
2003	620.06	641.04	646.77	32.5	33.6	33.9
2005	831.59	806.83	836.54	33.6	32.6	33.8
2007	1200.15	1210.42	1144.34	33.76	34.05	32.19
2009	1685.28	1669.95	1595.87	34.04	33.73	32.23

　　资料来源：根据国务院发布的《中国的国防》以及1995年的《中国的军备控制与裁军》整理得到。从1995年开始，以政府白皮书形式公布国防支出构成及主要用途。但2010年以后，我国政府停止发布中国的国防白皮书，取而代之的是《中国武装力量的多样化运用》白皮书，然而在《中国武装力量的多样化运用》白皮书并未涉及国防支出结构的问题。

根据中国国防白皮书的相关数据可以得出1994年以后装备费占国防支出的平均比重接近1/3。为此，本书1994～2013年装备费占国防支出的比重设定为33%（为提高数据的准确率，已经获得的比重采用原始数据）。但1994年之前，由于缺乏相关资料，本书采用胡鞍钢的数据，即军事投资比例 π 为30%，具体数据见表5.4。①

① 本书通过访问军事专家和打分的形式，确定了附录中表5.4中数据的合理性。

表 5.4   1950～2013 年我国装备费及其占国防支出的比重

年份	装备费占国防支出的比重（%）	装备费用	年份	装备费占国防支出的比重（%）	装备费用
1950	30	8.40	1982	30	52.91
1951	30	15.79	1983	30	53.14
1952	30	17.35	1984	30	54.23
1953	30	22.61	1985	30	57.46
1954	30	17.44	1986	30	60.23
1955	30	19.50	1987	30	62.89
1956	30	18.35	1988	30	65.40
1957	30	16.53	1989	30	75.44
1958	30	15.00	1990	30	87.09
1959	30	17.40	1991	30	99.09
1960	30	17.40	1992	30	113.36
1961	30	15.00	1993	30	127.74
1962	30	17.08	1994	31.69	174.52
1963	30	19.93	1995	33	210.12
1964	30	21.86	1996	33	237.62
1965	30	26.03	1997	31.45	255.55
1966	30	30.30	1998	33.59	313.97
1967	30	24.91	1999	32.31	347.78
1968	30	28.23	2000	32.24	389.31
1969	30	37.85	2001	34.3	494.62
1970	30	43.58	2002	33.54	572.79
1971	30	50.84	2003	33.9	646.77
1972	30	47.82	2004	33	726.00
1973	30	43.62	2005	33.8	836.54
1974	30	40.02	2006	33	983.20
1975	30	42.74	2007	32.19	1144.33
1976	30	40.34	2008	33	1378.99
1977	30	44.71	2009	32.23	1595.74
1978	30	50.35	2010	33	1760.01
1979	30	66.79	2011	33	1989.21
1980	30	58.15	2012	33	2208.33
1981	30	50.39	2013	33	2444.99

注：装备费的单位为亿元，以上均按照官方数据计算所得。

5.3　折旧率 δ 的确定

采用永续盘存法测算军事资本时，需要确定的一个重要指标就是折旧率。已有的研究成果对折旧的估算大致可以分为两种方法，一种是严格按照几何递减的模式计算出折旧率，另外一种是按照其他方法得到折旧率。李京文（1993）指出不同的资产服从不同的折旧模式（即几何递减、线性递减或"单驾马车"），他认为在估计资产折旧过程中应采用几何递减模式，并提出三点理由：第一，实际分析的结果表明，绝大部分类型的资产折旧服从几何递减模式。如库恩对 21 个制造业中的设备和建筑的研究表明，大部分资产服从几何或近似几何的折旧形式。第二，在对资产投入进行估计的全过程中，对折旧一律采用几何递减模式，可以保证前后估计的一致性。第三，在方法论上尽量与乔根森的工作保持一致，以便进行计算结果的国际比较。

在测度军事资本时，查尔斯·沃尔夫（1989）利用向前和向后折旧的方法，在向前折旧中折旧率为 3.5%，向后折旧中采用 5.0%，在预测年份，假设 1985～2010 年军事资本的年折旧率为 7.5%。查尔斯·沃尔夫（1995）在测算中国 1994～2015 年的军事资本存量时，假定 20 世纪 90 年代的折旧率为 8%，2001～2015 年的折旧率为 10%。胡鞍钢指出全国总资本折旧率从 1952 年开始至 2001 年从 4% 线性递增至 6%，国防资本折旧率同期从 4% 递增至 8%。由于查尔斯·沃尔夫等人忽略了折旧率为常数的假定，本书没有采用他们的做法，而是采用李京文的做法，严格按照几何递减模式计算出我国军事资本的折旧率，具体操作如下：

假设一项资产的寿命为 L，初始价值为 K，在寿命结束时残值为 S，则残值率 $s = \dfrac{S}{K}$，设资产价值以 δ 按照几何形式递减，则有：

$$
\begin{aligned}
K &= m(\tau)K + S = [m(1) + m(2) + \cdots + m(L-1)]K + S \\
&= m(1)K + m(2)K + \cdots + m(L-1)K + S \\
&= \delta K + \delta(1-\delta)K + \cdots + \delta(1-\delta)^{L-1}K + S \\
&= \frac{\delta[1 - (1-\delta)^{L}]}{1 - (1-\delta)}K + S
\end{aligned} \tag{5.1}
$$

由式（5.1），得出相对效率为几何递减模式的折旧率：

$$\delta = 1 - s^{1/L} \tag{5.2}$$

同理，可以得到直线递减模式下的折旧率：

$$\delta = \frac{1-s}{L} \tag{5.3}$$

可见，在几何递减模式和直线递减模式下，只要确定了资产的寿命和资产报废时的残值率就能确定折旧率。赫尔腾和威柯夫采用最佳几何平均法计算出设备的平均折旧率为0.133，建筑物的折旧率为0.0347；乔根森等（1990）修正了赫尔腾和威柯夫采用最佳几何平均法计算出的折旧率，表5.5列举了和本书有关的乔根森修正的资产折旧率。

表5.5 乔根森部分资产折旧率

资　　产	寿命	折旧率
通用工业机械	16	0.1225
汽车	10	0.3333
飞机	16	0.1833
轮船	27	0.0611
铁路设备	30	0.055
电信和电报设施	40	0.0225
核燃料	6	0.25
通讯设备	15	0.11

资料来源：乔根森著，李京文等译.生产率第2卷：经济增长的国际比较［M］.北京：中国发展出版社，2001.

李京文（1993）采用我国法定的3%～5%的残值率，按照式（5.2）计算出我国设备和建筑的折旧率，认为按照法定的残值率得到的几何折旧率估计相当高，对此的解释是：国家总是试图在国有资产的寿命期内尽可能对其提取折旧，以便及时收回被折旧资产的原有价值。为此，法定的残值率要比在经济折旧意义下的残值率低很多。李京文在对有效的经济折旧率估算中，参考了《税制改革和资本形成》（乔根森，1991）中的相关数据，并推算出设备和建筑的残值率分别为17%和40%左右。

除了李京文外，黄勇峰、任若恩、刘晓生（2002）、孙琳琳和任若恩（2003），采用式（5.3.2），按照法定 3% ~5% 的残值率，在设备 16 年和建筑40 年寿命期的假定下，分别估算出设备的经济折旧率为 17%，建筑为 8%。孙琳琳和任若恩（2003）还估计了汽车的资本存量，在汽车寿命 10 年的假设下，汽车折旧率为 26%。张军、吴桂英、张吉鹏（2004）按照法定 4% 的残值率，假定各省全部建筑和设备的平均寿命期分别是 45 年和 20 年，其他类型的投资假定为 25 年，从而计算出三者的折旧率分别是 6.9%、14.9% 和 12.1%。张军等计算了 1952 ~2000 年三类资本品比重的几何平均数和算术平均数，发现两个平均数非常接近，说明这一比例本身比较稳定，它们分别是：建筑安装工程 63%，设备工器具购置 29%，其他费用 8%。基于这个权重，在相对效率呈几何递减的模式下，计算得到了固定资本形成总额的经济折旧率 δ 是 9.6%。

王益煊和吴优（2003）采用几何折旧法估算资本存量时，对式（5.2）进行了修改，提出折旧率基本公式是：$\delta = \dfrac{R}{L}$（其中：δ 为折旧率；R 为余额递减率，$0 < R < 2$；L 为使用年限），他们利用这个公式估计了 7 种资产分行业的折旧率：城镇住宅折旧率为 8%、非住宅建筑折旧率为 9% 左右、机器设备折旧率为3.6% ~13.8%、市政建设为 36%、役畜产品畜为 11%、农村住宅和其他折旧率为 1.5%。

除以上做法之外，还有一些学者不是按照几何递减模式计算折旧率，而是根据自己的推断或者其他公式和假定得出一个折旧率。如邹至庄（1993）利用国民收入关系式间接核算折旧序列，使用公式"折旧额 = GDP − 国民收入 + 补贴 −间接税"，测算出我国 1978 ~ 1993 年的折旧额。张军扩（1991）、贺菊煌（1992）采用积累额作为资本存量净增加额，从而完全避开资本折旧问题，而沈坤荣（1997）、何枫等（2003）索性忽略了折旧问题。王小鲁和樊纲（2000）设定 5% 的折旧率。王金营（2001）假设固定资产折旧率在 1952 ~ 1977 年、1978 ~1990 年、1990 年以后分别为 3%、5%、5.5%。鉴于折旧核算的困难，宋海岩等（2003）则假定各省每年的折旧率为全国折旧率加上各省该年的经济增长率，其理由是各省资本实际使用情况不同，那些经济增长较快的省必然会比增长较慢的省更快地使用资本，从而产生更多的折旧。龚六堂和谢丹阳（2004）假定 10% 的折旧率。毛军（2005）假定 1992 年官方公布的全民所有制企业固定资产折旧率为 1978 年以前全国的固定资产折旧率，之后的折旧从《GDP 核算历史资料》中获得。徐现祥等（2007）参照邹至庄的思路，依照 GDP 收入核算公式"国内生产总值 = 劳动者报酬 + 固定资产折旧 + 生产税净额 + 营业盈余"推算得到资本折旧额。

通过这些比较可以看到，在国内的资本测量研究中，只有李京文（1993）、黄勇峰、任若恩和刘晓生（2002）、孙琳琳和任若恩（2003）、王益煊和吴优（2003）、张军、吴桂英、张吉鹏（2004）采用了几何递减模式下折旧率的计算公式得到相应的折旧率。为了与永续盘存法的内在含义相一致，在资本品的相对效率按照几何方式递减的假定下，本书借鉴了李京文、黄勇峰的做法，采用式（5.2）计算我国军事资产的折旧率。借鉴乔根森有关资产寿命的假定，同时考虑到军事资产的特殊性和中国的实际情况，本书设定我国军事资产的平均寿命为18 年，残值率采用李京文推算出的设备的折旧率 17%，将寿命和残值率代入式（5.2），得到我国军事资本的折旧率为 9.4%，这个折旧率和张军估算出的折旧率很接近，与查尔斯·沃尔夫采用的 8% ~ 10% 的折旧率也比较接近，而与胡鞍钢采用的 4% ~ 8% 的折旧率差别较大。

5.4　价格指数的确定

在测算军事资本时，需要采用一定的价格指数将现价的军事投资转变成不变价的军事投资。由于价格变动致使军事投资价值不具有可比性，在采用永续盘存法时，需要将当年价格表示的军事投资用一定的价格指数进行平减，折算成以基年不变价格表示的实际值。当然，最理想的价格指数就是固定资产投资价格指数。然而，我们只能在《中国统计年鉴》上获得 1990 年及其以后的固定资产投资价格指数，1990 年以前的数据没有官方统计。由于无法获取 1990 年以前的固定资产投资价格指数，许多学者采用其他指数来代替固定资产投资价格指数或对固定资产投资价格指数进行了估算。例如，邹至庄（1993）采用国民经济核算方法估算出积累隐含价格指数（the implicit deflator for accumulation）作为平减指数。谢千里（1996）在研究集体乡镇企业时，将建筑安装平减指数和设备安装购置平减指数进行加权平均，得到平减投资品的指数。沈坤荣（1999）和王小鲁（2000）则把国内生产总值平减指数作为资本投入平减指数的近似替代。黄勇峰和任若恩（2002）用全国零售物价指数来估计 1980 年以前的建筑和设备的投资品价格指数：1980 ~

1991 年以建筑业的价格指数来估计建筑投资品的价格指数，而以全部工业产品的出厂价格综合指数来表示设备投资品的价格指数。宋海岩等（2003）直接采用邹1978 年以前的数据，1978 年以后的数据利用建筑材料价格指数代替固定资产投资价格指数。李治国和唐国兴（2003）根据《上海统计年鉴》中的相关数据，得到上海市固定资产投资价格指数，并用这个指数代替全国的固定资产投资价格，然后利用《中国统计年鉴》中1991～2000 年的全国固定资产投资价格指数对上海市固定资产投资价格指数进行回归，得到它们之间的数量关系，根据这个数量关系推算出 1991 年以前全国固定资产投资价格指数。

随着中国统计体系的不断完善，相继出版了《中国国内生产总值核算历史资料：1952～1995》和《中国国内生产总值核算历史资料：1952～2004》。何枫（2003）、龚六堂和谢丹阳（2004）根据《中国国内生产总值核算历史资料：1952～1995》的资本形成总额和资本形成总额指数计算出固定资产投资价格指数。单豪杰（2008）根据《中国国内生产总值核算历史资料（1952～1995）》《中国国内生产总值核算历史资料（1952～2004）》提供的 1952～2004 年全国和分省的固定资本形成价格指数，计算出以 1952 年为基期的价格平减指数，对于2005～2006 年缺省的指数，借用各省的固定资产投资价格指数进行替代。

然而正如张军（2004）所指，以上文献对于利用固定资本形成总额及其指数计算固定资产投资价格指数的合理性和具体计算方法没有给予说明，而《中国国内生产总值核算历史资料（1952～1995）》一书中也没有对固定资本形成总额及其指数之间的关系给予说明。为此，张军、吴桂英、张吉鹏（2004）推导出《中国国内生产总值核算历史资料（1952～1995）》提供的以不变价格衡量的固定资本形成总额指数的计算方法，以 1985 年的固定资本形成指数为例：[①]

1985 年的固定资本指数（1952＝1）＝

$$\frac{1985\text{ 年的固定资本形成总额（当年价格）}/1985\text{ 年的投资隐含平减指数（1952 年＝1）}}{1952\text{ 年的固定资本形成总额（当年价）}}$$

1985 年的固定资本形成总额指数（上一年＝1）＝

$$\frac{1985\text{ 年的固定资本形成总额（当年价格）}/1985\text{ 年的投资隐含平减指数（上一年＝1）}}{1984\text{ 年的固定资本形成总额（当年价）}}$$

张军等利用该书中提供的各年固定资本形成总额（当年价格）和以 1952 年

---

① 张军. 资本形成、投资效率与中国的经济增长——实证研究 [M]. 北京：清华大学出版社，2005.

为 1 以及以上一年为 1 的固定资本形成总额指数这三列数据，计算出各省各年的以 1952 年为 1 和以上一年为 1 的投资隐含平减指数（the implicit investment deflator）。他们把用该方法计算出来的各省 1991~1995 年的这一指数与《中国统计年鉴》上公布的这一时期的各省固定资本投资价格指数对比，发现它们基本一致。对于 1995 年以后的数据则直接采用《中国统计年鉴》公布的固定资产投资价格指数。他们发现，大部分省份的固定资产投资价格指数仅在 1978 年后才出现明显的变动，并认为部分估计全国固定资本存量的早期研究忽略了 1952~1977 年投资品价格变动因素是可以接受的假设。[①]

由于资料的可获得性，有关军事投资价格指数一般借用固定资产投资价格指数。胡鞍钢（2003）在测算军事资本时，采取了麦迪森在《中国经济的长远未来》（新华出版社，1999）中按 1987 年不变价的计算方法。比较以上方法，可以看出，张军等人采用的固定资产投资价格指数和中国官方统计的数据比较接近，而且他们的推导过程比较合理。因此，本书 1952~1990 年的固定资产投资价格指数采用张军等计算出来的 1952 年不变价固定资产投资价格指数，1990 年以后的数据直接采用《中国统计年鉴》上的数据，并调整为 1952 年不变价，图 5.2 反映了 1952 年不变价我国固定资产投资价格指数的变化情况。

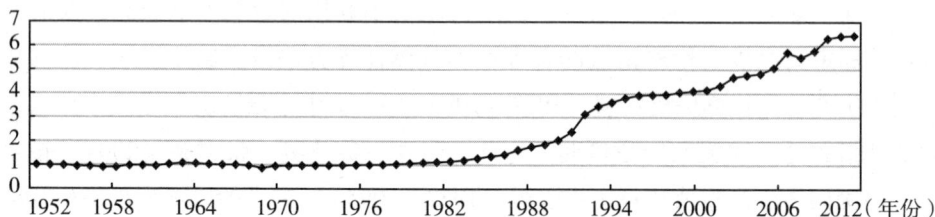

图 5.2　1952~2013 年我国固定资产投资价格指数演进

5.5　初始军事资本的确定

对于我国初始年份或基年的选择，已有研究文献中基本定为 1952 年或 1978 年。鉴于我国未进行大规模的经济普查，要确定基年的资本存量，一般采取推算

[①] 张军，吴桂英，张吉鹏.中国省际物质资本存量估算：1952~2000 [J].经济研究，2004（10）.

的方法。综合以往的研究来看，对初始（基年）资本存量的估算，主要有如下几种方法：

第一，根据调查数据或经济指标之间的关系推算出初始资本存量。例如，张军扩（1991）、王金营（2001）、何枫（2003）、毛军（2005）等引用美国学者帕金斯"中国 1953 年资本产出比为 3"的假设，推算出我国 1952 年资本存量为2000 亿元（1952 年价格）；贺菊煌（1992）假设 1964～1971 年与 1971～1978 年资本的平均增长率相同，利用这一假设得出 1964 年我国资本存量为 4861.7 亿元（1990 年价格）。邹至庄（1993）通过考察历史固定资产净值数据，推算出 1952年我国非农业部门资本存量为 582.67 亿元，农业部门资本存量为 450 亿元，合计资本存量为 1030 亿元（1952 年价格）。王益煊等（2003）根据财政部提供的固定资本存量调查数据，得出基年（1978 年）资本存量净值为 152864.5 亿元。张军、章元（2003）假设上海市固定资本存量占全国资本存量的比例和上海市GDP 占全国 GDP 的比例相当，利用这个假设估算出 1952 年的资本存量为 800 亿元（1952 年不变价）。

第二，严格按照永续盘存法要求，利用相对效率对投资序列进行加权累加得到。但由于数据的可获得性，这方面的研究较少。只有黄勇峰、任若恩（2002）、孙琳琳和任若恩（2003）等做过详细的计算。黄勇峰、任若恩等（2002）利用 1921～1978 年的投资序列计算出我国 1978 年制造业资本存量为4714.05 亿元，设备为 1107.61 亿元，合计 5821.66 亿元（1978 年不变价）。孙琳琳和任若恩（2003）参考了黄勇峰的研究方法，得出基期建筑存量为 5132.1亿元，设备存量为 1827.251 亿元，合计为 6959.35 亿元（1980 年价格）。

第三，用基期固定投资总额除以某一具体数值作为初始资本存量。例如霍尔和琼斯（Hall & Jones，1999）在估计各国 1960 年的资本存量时，就是采用 1960年的投资比上 1960～1970 年各国投资的平均增长率与折旧率之和。杨格（Young，2000）用类似的方法估计 1952 年中国固定资本存量约为 815 亿元（1952 年价格），这与张军和章元（2003）利用上海市数据和工业企业数据推算的全国资本存量 800 亿元（1952 年价格）较为接近。张军、吴桂英、张吉鹏（2004）和杨格的估计方法相同，即用各省区市 1952 年的固定资本形成除以10% 作为该省区市的初始资本存量。林金霞（2004）在其硕士论文《资本存量测算研究》中，用 1952 年的投资总额除以折旧率得到 1952 年的固定资本存量总额约是 734 亿元（1952 年不变价），这与张军等（2003）估计的 800 亿元左右是比较接近的。瑞道夫和卡沃（Reinsdorf & Cover，2005）提出了一种改进的模型：$K_0 = I_0 \dfrac{g+1}{g+\delta}$，$I_0$ 为初始年的投资，δ 表示折旧率，g 表示在初始年份之前的平均投资增长率，同时证明了这种模型的合理性。

有关我国基期军事资本存量的计算，查尔斯·沃尔夫通过估计 1950 年用于军事投资的军费支出得到基期军事资本存量。另外一种方法是通过衡量军事装备的存货来估计 1985 年的资本存量，查尔斯·沃尔夫估算的我国 1952 年军事资本存量大约为 1100 亿美元（1986 年不变价），根据 PPP 指数和 GDP 平减指数① 得到 1952 年我国军事资本存量的当年价为 542.5 亿元，而张军计算出的 1952 年我国总资本不过才 748.6 亿元，显然查尔斯·沃尔夫选择的基期资本存量不符合中国的实际情况。胡鞍钢（2003）在测算我国军事资本存量时，以 1952 年为初始起点年，首先估计 1952 年全国总资本存量为 320 亿元（当年价），其中 15% 为国防资本，即 1952 年当年价军事资本存量为 48 亿元，按 1987 年不变价计算出 1952 年的军事资本存量为 109.96 亿元。胡鞍钢指出，由于计算时期为 49 年，初始起点年的资本存量对后来的计算结果影响不大。

通过比较以上有关基期资本存量的做法，瑞道夫和卡沃的做法具有合理性，本书将采用瑞道夫和卡沃的模型，一般认为建国之前投资增长率 g 为 0，但是考虑到新中国成立前我国发生的战争较多，因此军事投资的数量和增长率会较高。本书选取 g 和 δ 均为 10%，得到我国 1952 年军事资本存量为 81.3 亿元，即初始军事资本是 81.3 亿元，约占根据张军计算出的 1952 年资本总量的 11%。为了便于和胡鞍钢以 1987 年不变价的数据做比较，本书利用张军的固定资产投资价格指数将以当年价表示的 1952 年军事资本存量转变成以 1987 年不变价数据，得到转变后的 1952 年军事资本存量为 116.5 亿元，和胡鞍钢的 109.96 亿元比较接近。

通过比较这些研究，可以看出在资本存量的基期估计上确实是一个比较难的问题，由于所使用的方法不同，估算出来的数据具有很大的差距。经验研究表明，在永续盘存法的意义下，如果基年的选择越早，基年资本存量估计的误差对后续年份的影响就会越小，即时间序列足够长，基年资本存量对后续年份的资本存量影响甚小。

---

① 美国 GDP 平减指数根据美国经济分析局网站（http：//bea. doc. gov）数据推算得到。PPP 数据来自 http：//pwt. econ. upenn. edu/.

5.6　我国军事资本的测算结果

首先，将表5.4中的装备费利用图5.2中的固定资产投资价格指数调整为1952年不变价。之后将1952年基期资本存量81.3亿元，以及折旧率9.4%和各期1952年不变价的装备费代入式：$MK(t) = \pi MS(t) + (1 - \delta)MK(t - 1)$，得到我国1952～2013年的1952年不变价的军事资本存量——军事实力，见表5.6和图5.3。

表5.6　　中国军事资本的估计（1952年不变价）及其占总资本的比重

年份	军事资本（亿元）	张军的资本（亿元）	军事资本占资本比重（%）
1952	81.30	748.64	10.86
1953	96.55	778.87	12.40
1954	105.23	826.80	12.73
1955	116.08	881.97	13.16
1956	124.74	990.75	12.59
1957	131.42	1093.66	12.02
1958	135.72	1355.32	10.01
1959	140.79	1687.78	8.34
1960	145.44	2025.48	7.18
1961	147.47	1988.67	7.42
1962	150.26	1899.50	7.91
1963	154.67	1854.55	8.34
1964	160.89	1877.70	8.57
1965	171.33	1971.78	8.69
1966	185.59	2098.24	8.85
1967	193.00	2127.21	9.07
1968	204.05	2112.08	9.66
1969	228.68	2200.61	10.39
1970	253.30	2427.79	10.43

续表

年份	军事资本（亿元）	张军的资本（亿元）	军事资本占资本比重（%）
1971	282.73	2685.74	10.53
1972	305.60	2914.88	10.48
1973	321.93	3150.77	10.22
1974	332.97	3388.49	9.83
1975	345.23	3706.84	9.31
1976	353.61	3929.53	9.00
1977	364.95	4193.92	8.70
1978	380.59	4585.02	8.30
1979	409.66	4999.71	8.19
1980	425.96	5414.83	7.87
1981	431.94	5776.35	7.48
1982	438.58	6331.63	6.93
1983	443.64	6987.75	6.35
1984	447.32	7862.19	5.69
1985	450.16	9054.37	4.97
1986	452.06	10361.56	4.36
1987	453.42	11790.91	3.85
1988	450.97	13265.15	3.40
1989	451.30	14358.24	3.14
1990	455.63	15496.32	2.94
1991	461.28	16807.76	2.74
1992	465.41	18666.30	2.49
1993	462.42	21363.28	2.16
1994	469.39	24671.70	1.90
1995	483.27	28612.71	1.69
1996	500.25	32859.21	1.52
1997	518.45	37335.14	1.39

年份	军事资本（亿元）	张军的资本（亿元）	军事资本占资本比重（%）
1998	549.45	42537.39	1.29
1999	585.86	47981.15	1.22
2000	627.06	53900.76	1.16
2001	688.73	60510.06	1.14
2002	762.28	68310.05	1.12
2003	840.49	78288.74	1.07
2004	916.96	90348.42	1.01
2005	1006.72	105581.73	0.95
2006	1116.24		
2007	1237.32		
2008	1362.19		
2009	1524.01		
2010	1685.50		
2011	1842.50		
2012	2013.99		
2013	2205.19		

注：张军的总资本来自复旦大学中国社会主义市场经济研究中心数据库。在数据资料方面得到了 2004 年《经济研究》第 10 期文章《中国省际物质资本存量估算：1952－2000》的作者张军教授等提供的便利与帮助。张军总资本的数据截止到 2005 年。

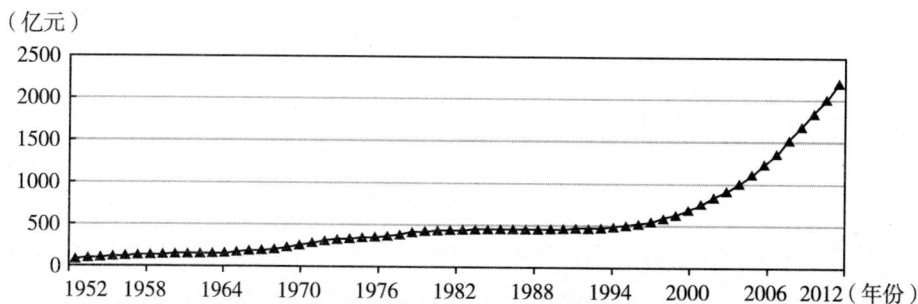

图 5.3 1952～2013 年我国军事资本

通过表 5.6 和图 5.3 可以看出我国军事资本总体上呈现上升趋势，军事资本由 1952 年的 81.3 亿元，上升到 2013 年的 2205.19 亿元，平均几何增长速度为 5.47%。具体可分为三个阶段：第一阶段从 1952 年到 1979 年，这段时期军事资本增长稳定，由 1952 年的 81.3 亿元，增长到 1979 年的 409.66 亿元，平均几何增长速度为 5.95%。第二阶段从 1980 年到 1996 年，此阶段的军事资本增长缓慢，由 1980 年的 425.96 亿元增长到 1996 年的 500.25 亿元，平均几何增长速度仅为 0.95%。第三阶段从 1997 年到 2013 年，为高速增长阶段，在这 17 年内，我国军事资本存量由 1997 年的 518.45 亿元迅速增长到 2013 年的 2205.19 亿元，平均几何增长速度高达 8.89%。

本书同时计算了军事资本占总资本的比重（M1），并和胡鞍钢计算出的我国军事资本占总资本的比重（M2）进行了对比（胡鞍钢计算的比重截止到 2001年），见图 5.4。

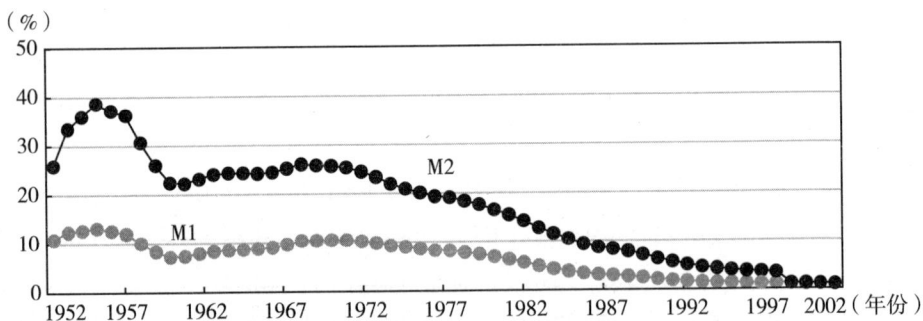

图 5.4　军事资本占总资本比重的对比

从图 5.4 可以看出，本书得出的 M1 和胡鞍钢得出的 M2 发展趋势十分相似，但总体而言，本书计算出的军事资本占总资本的比重要低于胡鞍钢计算出的比重。在不考虑 1952～1959 年这段时期的情况下（初期的军事资本误差较大），我国军事资本占总资本的比重呈现先上升后下降的趋势，其中 1960～1972 年为上升阶段，M1 由 7.18% 上升到 10.48%，上升了 3.3 个百分点。1973 年以后 M1一直在下降，由 10.22% 下降到 2005 年的 0.95%，下降了 9.26 个百分点。

本书对比了利用官方数据得到的我国军事资本（军事实力）和查尔斯·沃尔夫计算的我国军事资本。首先将表 2.3 中国军事资本存量根据中国外汇管理局的《统计数据与报告》公布的人民币对美元的汇率换算为以元计价的 1986 年不变价军事资本，记为军事资本 3，同时将表 5.6 中 1960 年、1970 年、1980 年、

1990 年、2000 年的军事资本表示成 1986 年不变价，记为军事资本 4，对比结果见图 5.5。

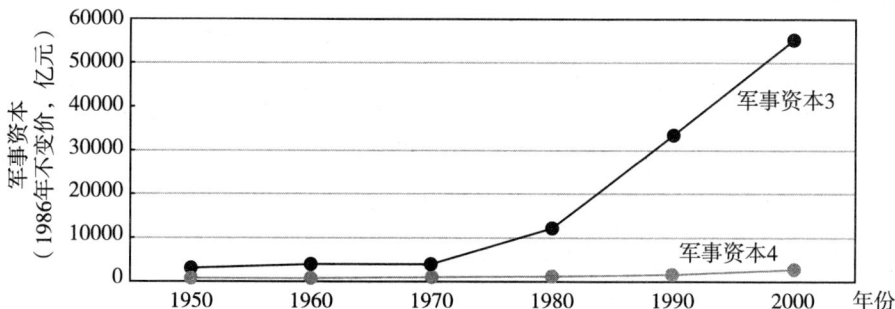

图 5.5　本书军事资本与查尔斯·沃尔夫计算出的我国军事资本对比

上图明显显示，查尔斯·沃尔夫计算的我国军事资本（军事资本 3）远远高于根据中国官方数据得到的军事资本（军事资本 4），平均而言，军事资本 3 是军事资本 4 的 21.6 倍。查尔斯·沃尔夫的估算正如前文所述，是为了一定的政治目的而测算的，严重偏离了中国的实际情况，所以其估算的结果也不具有科学性。

本书进一步将胡鞍钢计算出来的我国军事资本和本书计算出来的军事资本做了一个对比。将胡鞍钢采用两种不同国防支出计算得到的我国军事资本存量分别记为军事资本 5 和军事资本 6 （胡鞍钢计算的我国军事资本数据截止到 2001 年）。① 将图 5.2 中我国固定资产投资价格指数调整为 1987 年 =1，得到我国军事资本存量 7，对比结果见图 5.6。

对比军事资本 7 和军事资本 6 发现，本书测算出的我国军事资本要低于胡鞍钢测算出的数据，平均而言，本书测算出的军事资本要比胡鞍钢测算出的军事资本低将近 207 亿元，这主要是采用的折旧率不同造成的。本书采用的是 9.4% 的不变折旧率，而胡鞍钢采用的 4% ~8% 的变动折旧率。军事资本 7 与军事资本 5 之间的差距更大，平均差距达到了 408 亿元。除了折旧率不同会造成这种差距外，采用的不同国防支出也是造成这种差距的重要原因。

---

① 军事资本 5 的计算中考虑其他收入。军事资本 6 按国家统计局公布的中国国防费支出，不考虑其他收入或其他支出。

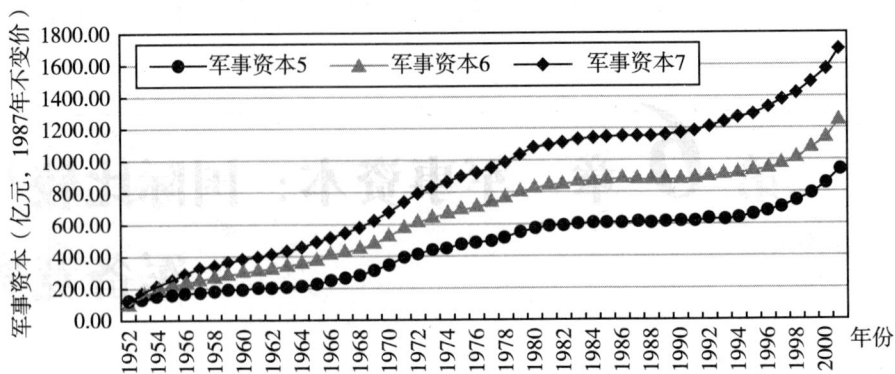

图 5.6　本书军事资本与胡鞍钢军事资本对比

第 **6** 章 军事资本：国际比较与军备竞赛

该章采用永续盘存法，利用斯德哥尔摩国际和平研究所的数据测算了中国、美国、日本、印度、俄罗斯和中国台湾的军事资本存量作为军事实力的代表，在此基础之上分析了他们之间的军备竞赛情况。

6.1 中、美、日、印、俄和中国台湾地区军事资本的测量

为了使测度出的军事实力具有可比性，中国、美国、日本、印度、俄罗斯和中国台湾的国防支出均采用斯德哥尔摩国际和平研究所 2003 年不变价数据，见表 6.1。由于数据的可获得性以及有些数据仍处于不公开状态，本章数据起止时间为 1979~2005 年。

表 6.1　　　1979~2005 年中、美、日、印、俄和中国台湾国防支出数据

（2003 年美元不变价）　　　　　　　　单位：亿美元

年份	中国	美国	日本	印度	俄罗斯	中国台湾
1979	97	1993.4	194.3	34.6	468.9	35.9
1980	85	2264	207.2	39.3	525.2	37.6
1981	73	2769.3	222.4	43	582.1	39.3
1982	77	3201.2	234.2	49.6	630.6	48.8
1983	77	3553.3	248.2	55.2	664.6	53.9
1984	79	3720.1	260.7	58	699	49.4

年份	中国	美国	日本	印度	俄罗斯	中国台湾
1985	84	3983.5	273.6	61.6	734.8	57.4
1986	88	4178	287.8	72	742.5	59.8
1987	91	4131.5	303	77.6	758.6	46.9
1988	95	4041.4	319.8	79.4	770.4	54.5
1989	110	3997.2	333.8	81.6	702.1	63.8
1990	120	3822.7	343.5	80.5	649.1	67.3
1991	127	3354.7	351.4	75.3	555.7	69.7
1992	154	3545.1	359.9	72.1	331.1	72.6
1993	142	3359.4	363.8	81.4	253.4	81.9
1994	136	3167.8	365.5	81.1	184.4	77.1
1995	140	3366.4	404.5	90.4	147	86.1
1996	155	3184.2	412.7	92.9	133	86.8
1997	157	3167.9	414.7	100.9	143	90.1
1998	180	3094.5	413.6	101.8	103	87.8
1999	202	3103.3	414.4	113.6	123	75.7
2000	222	3223.1	417.3	118.2	142	70.2
2001	261	3249.1	421.5	123.6	157	71.6
2002	307	3648.2	426.2	123.4	169	65.5
2003	331	4144	427.3	127	185	70.4
2004	354	4553	424.4	150.6	194	72.1
2005	410	4782	421	204	210	82

资料来源：齐泽民，郝万禄等．中国国防费均衡水平的实证研究［J］.宏观经济研究，2008.

在确定军事投资占国防支出的比重时，发现各国以及中国台湾差异很大，且在不同时期的比例也不一样。为更加准确地得到各国以及中国台湾军事投资的比重，本书针对各国以及中国台湾的不同情况采用了不同的比例，其中美国军事投资占国防支出的比例直接来自北大西洋公约组织。[①]我国根据国务院发布的《中国的国防》得到军事投资占国防支出的比重，并依据这个比重计算出军事投资比例的平均增长速度为 1.6%，据此推算出 1952~2005 年历年的军事投资比例，这个比例与表 5.4 中的数据接近。根据《世界军事年鉴》整理得到 1990~1991 年以及 1997~2003 年日本军事投资占国防支出的比例，这个比例每年都在下降，从 1990 年的 29.6% 下降到 2003 年的 15.9%，下降幅度年平均值大约为 4.9%，根据这一数据推算出 1992~1996 年以及 2004~2005 年日本军事投资占国防支出的比例。同时，根据库桂生等人的研究，日本 1976~1980 年装备费占国防支出的比重由 16.4% 上升到 20.7%，[②]以这样的发展速度可以得到日本 1979 年装备费占国防支出的比重为 19.53%。然后根据 1980~1990 年装备费占国防支出比重的变化，得到 1981~1989 年日本装备费占国防支出的比重。俄罗斯军事投资占国防支出的比例比较难确定，我们只能从北大西洋公约组织获得 2000~2004 年的数据，同时在《世界军事年鉴》获得 1989 年、1990 年以及 1998 年和 2005 年的数据分别为 48.5%、43.7%、34.06 和 37.78%。考虑到 1979~1990 年当时的苏联一直处于冷战状态，此时苏联用于装备的投入相当大，据此可以假定这段时期苏联军事投资占国防支出的比例为 45%。1991~1997 年以及 1999 年的数据采用 NATO 数据的平均值 13.38%。有关印度和中国台湾军事投资占国防支出比例的数据很难获得，本书根据《世界军事年鉴》提供的数据计算出印度 1989 年和 1990 年军事投资占国防支出比例的数据分别为 37.02% 和 30.49%。印度最近几年明显加大了国防开支，1995~2000 年印度国防开支连续 5 年以平均 21.7% 的速度剧增，增长幅度在世界各国中名列前茅，增加的经费主要用于研发和购置新型武器装备，据此本书假定 1987~1994 年印度军事投资占国防支出的比例为 35%，1995~2005 年为 45%，1987 年之前采用查尔斯·沃尔夫（2000）的 25%，[③]中国台湾军事投资占军费的比重采用 25%，这和查尔斯·沃尔夫（1995）采用 29% 的数据比较接近。[④]各国和中国台湾地区军事投资占军费的比重具体见表 6.2。结合表 6.1 中的国防支出，可以得到 1979~2005 年各国和中国台湾的军

---

① 参见 http://www.nato.int/cps/en/natolive/topics_49198.htm? selectedLocale = en.

② 库桂生. 国防经济效益浅论［M］.北京：国防大学出版社，1988.

③ Charles Wolf, Jr. Asian Economic Trends and Their Security Implications［M］. RAND, 2000.

④ Charles Wolf, Jr. Long-Term Economic and Milllitary Trends 1994 - 2015, The United States and Asia［M］. RAND, 1995.

事投资数量，见表6.2、表6.3。

表6.2　　中、美、日、印、俄和中国台湾地区军事投资占国防支出的比重　　单位:%

年份	中国	美国	日本	印度	俄罗斯	中国台湾
1979	29.02	19.80	19.53	25.00	45.00	29.00
1980	29.19	19.50	20.70	25.00	45.00	29.00
1981	29.37	21.30	21.45	25.00	45.00	29.00
1982	29.54	21.30	22.23	25.00	45.00	29.00
1983	29.71	23.50	23.04	25.00	45.00	29.00
1984	29.89	25.20	23.88	25.00	45.00	29.00
1985	30.06	25.70	24.75	25.00	45.00	29.00
1986	30.24	25.80	25.65	25.00	45.00	29.00
1987	30.42	26.30	26.59	35.00	45.00	29.00
1988	30.60	24.50	27.56	35.00	45.00	29.00
1989	30.77	25.30	28.56	35.00	45.00	29.00
1990	30.96	24.80	29.60	35.00	45.00	29.00
1991	31.14	27.30	24.11	35.00	13.38	29.00
1992	31.32	22.90	22.93	35.00	13.38	29.00
1993	31.50	22.00	21.81	35.00	13.38	29.00
1994	31.69	29.20	20.74	35.00	13.38	29.00
1995	31.09	27.70	19.72	45.00	13.38	29.00
1996	31.27	26.85	18.76	45.00	13.38	29.00
1997	31.45	25.98	16.60	45.00	13.38	29.00
1998	33.59	25.57	16.49	45.00	34.06	29.00
1999	32.31	24.91	16.49	45.00	13.38	29.00
2000	32.24	21.92	16.37	45.00	13.09	29.00
2001	34.30	25.67	16.30	45.00	10.71	29.00

年份	中国	美国	日本	印度	俄罗斯	中国台湾
2002	33.54	27.43	16.10	45.00	12.40	29.00
2003	33.90	24.50	15.90	45.00	14.00	29.00
2004	33.60	24.60	15.12	45.00	16.70	29.00
2005	33.80	24.50	14.38	45.00	37.78	29.00
平均值	31.35	24.59	20.94	36.11	29.10	29.00

表 6.3　　　　　中、美、日、印、俄和中国台湾地区军事投资数量

（2003 年不变美元价）　　　　　单位：亿美元

年份	中国	美国	日本	印度	俄罗斯	中国台湾
1979	28.1494	394.6932	37.9468	8.6500	211.0050	10.4110
1980	24.8115	441.4800	42.8904	9.8250	236.3400	10.9040
1981	21.4401	589.8609	47.7131	10.7500	261.9450	11.3970
1982	22.7458	681.8556	52.0741	12.4000	283.7700	14.1520
1983	22.8767	835.0255	57.1964	13.8000	299.0700	15.6310
1984	23.6131	937.4652	62.2644	14.5000	314.5500	14.3260
1985	25.2504	1023.7595	67.7247	15.4000	330.6600	16.6460
1986	26.6112	1077.9240	73.8336	18.0000	334.1250	17.3420
1987	27.6822	1086.5845	80.5634	27.1600	341.3700	13.6010
1988	29.0700	990.1430	88.1264	27.7900	346.6800	15.8050
1989	33.8470	1011.2916	95.3336	28.5600	315.9450	18.5020
1990	37.1520	948.0296	101.6760	28.1750	292.0950	19.5170
1991	39.5478	915.8331	84.7225	26.3550	74.3527	20.2130
1992	48.2328	811.8279	82.5231	25.2350	44.3012	21.0540
1993	44.7300	739.0680	79.3328	28.4900	33.9049	23.7510
1994	43.0984	924.9976	75.8008	28.3850	24.6727	22.3590
1995	43.5260	932.6122	79.7813	40.6800	19.6686	24.9690
1996	48.4685	854.9757	77.4129	41.8050	17.7954	25.1720

年份	中国	美国	日本	印度	俄罗斯	中国台湾
1997	49.3765	822.9175	68.8402	45.4050	19.1334	26.1290
1998	60.4620	791.3778	68.2047	45.8100	35.0808	25.4620
1999	65.2662	773.1825	68.3366	51.1200	16.4574	21.9530
2000	71.5728	706.3839	68.3072	53.1900	18.5833	20.3580
2001	89.5230	834.0634	68.7045	55.6200	16.8186	20.7640
2002	102.9678	1000.6764	68.6182	55.5300	20.9614	18.9950
2003	112.2090	1015.4633	67.9407	57.1500	25.9000	20.4160
2004	118.9440	1120.0380	64.1754	67.7700	32.3980	20.9090
2005	138.5800	1171.5900	60.5441	91.8000	79.3380	23.7800
平均值	51.8427	867.8933	70.0218	34.4206	149.8860	19.0562

由于采用的是 2003 年不变美元价，所以不必再采用固定资产投资价格指数对军事投资进行平减。为了保持和测算中国军事资本时采用的折旧率一致，本书对 1979 ~ 2005 年各国以及中国台湾均采用 9.4% 的军事投资折旧率。

对于基期军事资本存量的确定，本书采用瑞道夫、卡沃（2005）提出的一种改进的模型：$K_0 = I_0 \dfrac{g+1}{g+\delta}$，采用各国以及中国台湾 1979 ~ 2005 年军事投资的几何平均增长率代替 g，折旧率 δ 均采用 9.4%，得到中、美、日、印、俄和中国台湾 1979 年的军事资本存量分别为 190.36 亿美元、3000.92 亿美元、344.55 亿美元、50.09 亿美元、3560.34 亿美元和 85.11 亿美元。进而得到中、美、日、印、俄和中国台湾地区 1979 ~ 2005 年每年的军事资本，见表 6.4。

表6.4　中、美、日、印、俄和中国台湾地区军事资本（2003 年不变美元价）

单位：亿美元

年份	中国	美国	日本	印度	俄罗斯	中国台湾
1979	190.361	3009.925	344.5502	50.09255	3560.338	85.10592
1980	197.2785	3168.472	355.0529	55.20885	3462.007	88.00997
1981	200.1744	3460.496	369.391	60.76922	3398.523	91.13403
1982	204.1038	3817.065	386.7423	67.45691	3362.832	96.71943

年份	中国	美国	日本	印度	俄罗斯	中国台湾
1983	207.7948	4293.287	407.5849	74.91596	3345.796	103.2588
1984	211.8752	4827.183	431.5363	82.37386	3345.841	107.8785
1985	217.2093	5397.187	458.6966	90.03072	3361.992	114.3839
1986	223.4028	5967.776	489.4127	99.56783	3380.09	120.9738
1987	230.0852	6493.389	523.9713	117.3685	3403.731	123.2033
1988	237.5272	6873.154	562.8444	134.1258	3430.46	127.4272
1989	249.0466	7238.369	605.2706	150.078	3423.942	133.951
1990	262.7882	7505.992	650.0512	164.1457	3394.187	140.8766
1991	277.6339	7716.262	673.6689	175.071	3149.486	147.8472
1992	299.7691	7802.761	692.8671	183.8493	2897.735	155.0036
1993	316.3208	7808.369	707.0704	195.0575	2659.253	164.1842
1994	329.6851	7999.38	716.4065	205.1071	2433.956	171.1099
1995	342.2207	8180.051	728.8456	226.507	2224.833	179.9946
1996	358.5204	8266.102	737.7471	247.0203	2033.494	188.2471
1997	374.196	8312.006	737.2391	269.2054	1861.479	196.6809
1998	399.4836	8322.055	736.1433	289.7101	1721.581	203.6549
1999	427.1983	8312.964	735.2825	313.5974	1576.209	206.4643
2000	458.6145	8237.929	734.4731	337.3092	1446.629	207.4147
2001	505.0277	8297.627	734.1372	361.2221	1327.465	208.6817
2002	560.5229	8518.327	733.7465	382.7973	1223.644	208.0606
2003	620.0428	8733.067	732.715	403.9643	1134.522	208.9189
2004	680.7027	9032.197	728.0152	433.7617	1060.275	210.1895
2005	755.2967	9354.761	720.1259	484.7881	1039.947	214.2117
平均值	345.8105	6923.931	608.6514	209.4482	2542.972	155.6884

　　根据表6.4可以看出，就军事资本的总量而言，除了俄罗斯在1990年以后军事资本下降外，其余各国以及中国台湾地区军事资本均呈上升趋势。其中，美国军事资本在所有国家以及中国台湾地区中占有绝对优势，是中、日、印、俄和

中国台湾军事资本之和的 1.8 倍。在亚洲如果考虑到俄罗斯的话，那么俄罗斯在 1990 年以后军事资本呈现下降趋势，但俄罗斯的军事资本在亚洲仍然最强，俄罗斯继承了苏联 70% 的军力，重工业基础雄厚，军事科技发达，军工体系完备独立，对外依赖性很小，拥有很强的武器自主开发能力；但是，冷战结束后其常规军事资本已经大幅衰退，由于经济困难，使得俄军现役的武器装备长时间没有得到更新，俄罗斯庞大的核武库也面临老化和管理不善的问题，到 2005 年俄罗斯与中国和日本的军事资本已经很接近。日本的军事资本在亚洲仅次于俄罗斯，中国位居第三，印度第四，中国台湾最少。从总量上看，我国军事资本要落后于美国、俄罗斯和日本等国，中国目前的军事资本仅仅是为了自身经济发展的需要，"中国军事威胁论"并不成立。

就军事资本的增长速度而言，从表 6.4 可以看出，中国军事资本的增长速度要高于日本低于印度，介于二者之间，中、日、印三国军事资本的平均增长速度依次为：5.44%、2.88% 和 9.12%。按照这样的增长速度，到 2005 年中国军事实力已经超过日本，而在 2005 年之前中国军事实力一直低于日本而高于印度。胡鞍钢计算出的我国 1960～2000 年的军事资本一直高于日本和印度。但胡鞍钢认为中国的优势地位逐渐丧失，在 20 世纪 80 年代以前中国处于明显优势，而 80 年代以后，印度、日本和中国的差距不断缩小，到 20 世纪 90 年代后期，三国已基本处于同一水平线上。查尔斯·沃尔夫也认为中国军事实力要高于日本。通过本书测算的数据可以看出，2005 年之前，我国军事实力不是高于而是低于日本的军事实力，我国和日本军事资本的平均值分别为 345.81 亿美元和 608.65 亿美元，日本军事资本比我国军事资本要高 262.84 亿美元，中国军事资本只相当于日本军事资本的 56.82%。如果在亚洲不考虑俄罗斯，那么日本军事实力在亚洲占有绝对优势，但由于日本军事资本增长速度要慢于印度和中国，日本的这种优势会逐渐被中国和印度所取代。我国军事实力高于印度军事实力，是印度军事资本的 1.65 倍，但由于印度军事资本增长速度比我国高出 3.7 个百分点，可以预测印度的军事实力在未来几年会超过我国和日本而成为军事大国。中国台湾地区的军事资本较少，在 1998 年之前军事资本的增长速度较快，年几何平均增长率为 4.46%，而 1990 年以后的年几何平均增长率仅为 0.53%。

图 6.1 反映了中国、美国、日本、印度、俄罗斯和中国台湾地区 1990 年、1995 年、2000 年和 2005 年每个军人所拥有的军事资本（士均军事资本），自左

向右依次表示 1990 年、1995 年、2000 年和 2005 年的士均军事资本（不包括俄罗斯 1990 年的士均军事资本以及中国台湾地区 1990 年和 1995 年的士均军事资本）。图 6.1 显示，我国士均军事资本在所有国家和地区中是最少的，只相当于美国的 2.5%，日本的 4.5%，印度的 27% 和中国台湾的 40%，基于士均军事资本的角度，"中国军事威胁论"也不成立。美国的士均军事资本最多，日本次之，然后是俄罗斯和印度，中国台湾位居第五。虽然我国士均军事资本最少，但我国士均军事资本呈现上升趋势，由 1990 年的 0.75 上升到 2005 年的 2.01。美国和中国台湾的士均军事资本也呈现上升态势，而俄罗斯士均军事资本呈现下降趋势，日本和印度士均军事资本呈现先上升后下降的趋势。

（万美元）

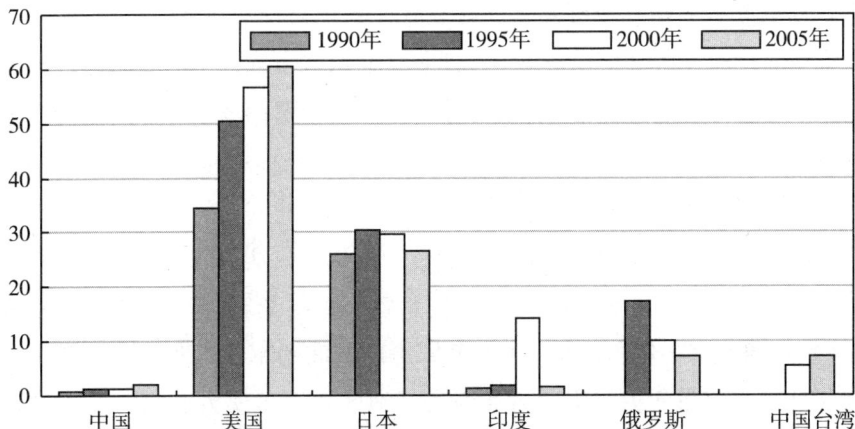

图 6.1　各国和中国台湾地区士均军事资本

6.2　中、美、日、印、俄和中国台湾地区军备竞赛研究

引起两国之间爆发战争的原因是多种多样的，但是在这众多的原因中，军备竞赛是一个很重要的原因。例如，甲国和乙国是敌对国家，乙国感到甲国比他强大，乙国为了自身的安全，就会增加防御开支，扩充军备。甲国看到乙国在扩充军备，其目的是在针对自己，为了自身的安全，甲国也扩充军备。如此循环，造成恶性膨胀，到后来就会爆发战争。

当两个或两个以上带有相互冲突目标的国家或军事联盟致力于竞争性地增加

他们的武器装备时，就出现了军备竞赛。军备竞赛是指国家（地区）间争相获得相对于对方的军事实力或武器装备优势的互动动态过程，或者说军备竞赛是指国家间其武器采购互动的动态过程。①

军备竞赛一直是国际关系领域的重要问题，为研究各个国家（地区）的军备竞赛情况，需要建立相应的军备竞争模型，其中，理查森军备竞赛模型就是研究军备竞赛最著名的模型之一，也是最有影响的正式模型之一。该模型在理论层面解决了军备竞赛存在以及处于均衡状态的条件，但由于缺少军事实力或武器装备方面的数据，关于军备竞赛的实证分析很少，我国与其他国家（地区）之间是否存在军备竞赛，"中国军事威胁论"是否成立；世界主要国家（地区）之间是否存在军备竞赛，我国经济建设的国际环境是否稳定，这些问题的研究均需要对各国（地区）之间的军备竞赛进行定量分析。

本书通过建立协整模型和格兰杰因果检验模型得到一个改进的理查森线性动态模型，同时也考虑了理查森军备竞赛模型。本书采用这个改进的模型和理查森模型研究了中国、美国、日本、印度、俄罗斯和中国台湾地区之间的军备竞赛情况，并验证了军备竞赛的稳定性问题。

理查森军备竞赛模型有以下几个假设：第一，只从总的军事实力上分析军备竞赛，不涉及具体的军备竞赛，例如核竞赛、太空竞赛等。第二，只考虑两国（地区）之间的军备竞赛情况，不涉及军事联盟间的军备竞赛问题。第三，利用一国（地区）军事实力变化对另外国家（地区）军事实力变化的反映来说明两国（地区）之间的军备竞赛，只有在两国（地区）军事实力变化存在正的双向关系，即回归系数均为正且显著的情况下，两国（地区）之间才存在军备竞赛关系。根据以上假设，利用军事实力的变化，本书检验了中国、美国、日本、印度、俄罗斯和中国台湾之间的军备竞赛。

为消除异方差性，本书对表 6.4 中中国、美国、日本、印度、俄罗斯和中国台湾地区军事资本取对数，分别记为 LCH、LAM、LJP、LIN、LRU 和 $LZGTW$，一阶差分后的数据分别记为 $DLCH$、$DLAM$、$DLJP$、$DLIN$、$DLRU$ 和 $DLZGTW$，二阶差分后的变量分别记为 $DDLCH$、$DDLAM$、$DDLJP$、$DDLIN$、$DDLRU$ 和 $DDLZGTW$。由于是时间序列，在回归之前需要检验变量的平稳性。本书利用

---

① 基斯·哈特利、托德·桑德勒著，姜鲁鸣等译. 国防经济学手册［M］，北京：经济科学出版社，2001.

ADF 和 PP 检验，对各变量进行了单位根检验，结果见表 6.5 和表 6.6。

表 6.5　　　　　　　　　军事资本的 ADF 单位根检验结果

变量名	检验类型	ADF		是否平稳
		数值	概率	
LCH	(*c*, *t*, 1)	− 0.2645	0.9872	不平稳
LAM	(*c*, *t*, 5)	− 1.0283	0.9165	不平稳
LJP	(*c*, *t*, 1)	− 2.2646	0.4364	不平稳
LIN	(*c*, *t*, 1)	− 2.3115	0.4131	不平稳
LRU	(*c*, *t*, 2)	− 3.0889	0.1312	不平稳
LZGTW	(*c*, *t*, 1)	− 0.6346	0.9674	不平稳
DLCH	(*c*, *t*, 0)	− 2.7827	0.2158	不平稳
DLAM	(*c*, *t*, 0)	− 1.4424	0.8222	不平稳
DLJP	(*c*, *t*, 0)	− 2.5367	0.3094	不平稳
DLIN	(*c*, 0, 0)	− 2.1323	0.2345	不平稳
DLRU	(*c*, *t*, 0)	− 0.3807	0.9826	不平稳
DLZGTW	(*c*, *t*, 0)	− 2.8605	0.1909	不平稳
DDLCH	(0, 0, 0)	− 5.0046	0.0000	平稳
DDLAM	(0, 0, 0)	− 3.9125	0.0004	平稳
DDLJP	(0, 0, 0)	− 3.3988	0.0016	平稳
DDLIN	(0, 0, 0)	− 4.3908	0.0001	平稳
DDLRU	(0, 0, 0)	− 2.8470	0.0064	平稳
DDLZGTW	(0, 0, 0)	− 5.3511	0.0000	平稳

注：滞后阶数根据 SIC 原则选择。(*c*, *t*, *p*) 分别代表常数项、时间趋势项和滞后。

表6.6 军事资本的 PP 单位根检验结果

变量名	检验类型	PP 检验		是否平稳
		调整后的数值	概率	
LCH	$(c, t, 2)$	1.1005	0.9998	不平稳
LAM	$(c, t, 3)$	− 1.7256	0.7106	不平稳
LJP	$(c, t, 3)$	0.2817	0.9974	不平稳
LIN	$(c, t, 2)$	− 1.2943	0.8668	不平稳
LRU	$(c, t, 2)$	− 1.3735	0.8448	不平稳
LZGTW	$(c, t, 2)$	0.9810	0.9997	不平稳
DLCH	$(c, t, 1)$	− 2.8442	0.1959	不平稳
DLAM	$(c, t, 3)$	− 2.0513	0.5463	不平稳
DLJP	$(c, t, 2)$	− 2.5086	0.3214	不平稳
DLIN	$(c, 0, 1)$	− 2.2436	0.1970	不平稳
DLRU	$(c, t, 2)$	− 0.9306	0.9362	不平稳
DLZGTW	$(c, t, 2)$	− 2.8051	0.2084	不平稳
DDLCH	$(0, 0, 0)$	− 5.0046	0.0000	平稳
DDLAM	$(0, 0, 0)$	− 3.9125	0.0004	平稳
DDLJP	$(0, 0, 0)$	− 3.3988	0.0016	平稳
DDLIN	$(0, 0, 0)$	− 4.3908	0.0001	平稳
DDLRU	$(0, 0, 1)$	− 2.7755	0.0076	平稳
DDLZGTW	$(0, 0, 5)$	− 5.4811	0.0000	平稳

注：核函数采用 Barlett 函数形式，带宽采用 Newey-West 带宽。(c, t, q) 分别代表常数项、时间趋势项和带宽。

通过 ADF 和 PP 单位根检验可以看出，中、美、日、印、俄和中国台湾的军事资本的原始值取对数之后均为二阶差分平稳序列，一阶差分后的序列均存在一个单位根，都为一阶单整序列 I (1)，从而说明各一阶差分后的序列（即军事资本的变化）可能存在协整关系，可做协整分析。

本书采用恩格尔－格兰杰两步法进行了中、美、日、印、俄和中国台湾军事资本变化之间的协整分析，变量 DLCH 分别对变量 DLAM、DLJP、DLIN、DLRU 和 DLZGTW 进行回归后的残差依次记为 CH-AM、CH-JP、CH-IN、CH-RU 和 CH-

ZGTW，同理，可得到残差 *AM-CH*、*AM-JP*、*AM-IN*、*AM-RU*、*AM-ZGTW*、*JP-CH*、*JP-AM*、*JP-IN*、*JP-RU*、*JP-ZGTW*、*IN-CH*、*IN-AM*、*IN-JP*、*IN-RU*、*IN-ZGTW*、*RU-CH*、*RU-AM*、*RU-JP*、*RU-IN*、*RU-ZGTW*、*ZGTW-CH*、*ZGTW-AM*、*ZGTW-JP*、*ZGTW-IN* 和 *ZGTW-RU*，总共得到 30 个残差，对这 30 个残差进行单位根检验，结果见表 6.7。①

表 6.7　　　　　　　　　　　残差的 PP 单位根检验结果

变量名	检验类型	PP 检验		是否平稳
		调整后的数值	概率	
CH-AM	(0, 0, 1)	−3.7635	0.0006	平稳
CH-JP	(0, 0, 0)	−3.5512	0.0011	平稳
CH-IN	(0, 0, 0)	−3.7926	0.0006	平稳
CH-RU	(0, 0, 1)	−2.7013	0.0092	平稳
CH-ZGTW	(0, 0, 2)	−4.6780	0.0001	平稳
AM-CH	(0, 0, 0)	−5.3404	0.0000	平稳
AM-JP	(0, 0, 1)	−3.7877	0.0006	平稳
AM-IN	(0, 0, 0)	−3.8395	0.0005	平稳
AM-RU	(0, 0, 1)	−3.4663	0.0013	平稳
AM-ZGTW	(0, 0, 1)	−4.8886	0.0000	平稳
JP-CH	(0, 0, 1)	−5.4601	0.0000	平稳
JP-AM	(0, 0, 0)	−4.1502	0.0002	平稳
JP-IN	(0, 0, 0)	−3.6918	0.0007	平稳
JP-RU	(0, 0, 1)	−1.7083	0.0826	平稳
JP-ZGTW	(0, 0, 1)	−4.5227	0.0001	平稳
IN-CH	(0, 0, 0)	−5.2033	0.0000	平稳
IN-AM	(0, 0, 2)	−4.0365	0.0003	平稳
IN-JP	(0, 0, 1)	−3.6843	0.0007	平稳
IN-RU	(0, 0, 2)	−4.2315	0.0002	平稳

----

① 本书只给出 PP 检验结果，ADF 检验得出和 PP 检验相同的结论。

续表

变量名	检验类型	PP 检验		是否平稳
		调整后的数值	概率	
IN-ZGTW	(0, 0, 1)	-4.8229	0.0000	平稳
RU-CH	(0, 0, 1)	-5.3832	0.0000	平稳
RU-AM	(0, 0, 1)	-4.3837	0.0001	平稳
RU-JP	(0, 0, 3)	-2.3851	0.0194	平稳
RU-IN	(0, 0, 0)	-4.4191	0.0001	平稳
RU-ZGTW	(0, 0, 1)	-4.7552	0.0000	平稳
ZGTW-CH	(0, 0, 1)	-5.4512	0.0000	平稳
ZGTW-AM	(0, 0, 1)	-4.0187	0.0003	平稳
ZGTW-JP	(0, 0, 0)	-3.5627	0.0010	平稳
ZGTW-IN	(0, 0, 1)	-3.9057	0.0004	平稳
ZGTW-RU	(0, 0, 1)	-2.8231	0.0068	平稳

注：为消除序列相关性，在回归过程中采用了广义最小二乘法。

由以上分析可知，虽然 *DLCH*、*DLAM*、*DLJP*、*DLIN*、*DLRU* 和 *DLZGTW* 都是一阶单整序列，但他们相互之间存在协整关系，可以建立回归方程。由于数据的缺乏以及苏联解体等实际情况，本书没有考虑苏联解体之前的情况，只分析了1990 年以后俄罗斯的军备竞赛情况，回归结果见表 6.8。

由于是时间序列，每个回归方程的拟合度都很高，R^2 和调整后的 R^2 都在 0.6以上，*DW* 值在 1.8～2.2。在 *DLRU*2（1990 年以后俄罗斯军事资本取对数之后的一阶差分数据）对 DLJP 的回归方程中，[①] 结果对时间的选取比较敏感。为便于比较，本书列出了两个回归结果，其中当采用 1991～2004 年数据时，回归得到的系数为 -0.4201，但这个系数并不显著。当采用 1990～2004 年数据时，系数为 1.6182，并在 1% 的显著性水平下拒绝了原假设。

---

① 1979～1990 年苏联的军事实力与 1990 年后俄罗斯的军事实力相比，发生了较大转折，为了保持数据的一致性，本书只考虑 1990 年后俄罗斯的军事实力（*DLRU*2）。其中，*DLRU*2 和其他变量之间也存在协整关系。

表 6.8　　　　　　　　中、美、日、印、俄和中国台湾地区军备竞赛分析

	DLCH (t 值)	DLAM (t 值)	DLJP (t 值)	DLIN (t 值)	DLRU2 (t 值)	DLZGTW (t 值)
DLCH	—	−0.2271 (−1.1898)	0.1410 (0.9261)	−0.1184 (−1.3284)	0.1784 (0.8459)	0.0032 (0.0282)
DLAM	−0.3637 (−1.0225)	—	0.4387 (1.1926)	0.0064 (0.0650)	0.1695 (0.9923)	0.0288 (0.1603)
DLJP	0.1742 (2.3079)**	−0.0844 (−0.8189)	—	0.0675 (1.2092)	0.3044 (2.5609)**	0.0402 (0.5354)
DLIN	−0.3634 (−1.3560)	0.3652 (2.6465)**	0.4889 (1.4777)	—	0.5908 (2.4720)**	−0.1966 (−0.3319)
DLRU2	0.1851 (2.7220)**	0.0630 (0.5058)	−0.4201 或 1.6182 (−1.6853) 或 (3.7021)***	0.5571 (1.2549)	—	−0.0974 (−1.6385)
DLZGTW	−0.4088 (−2.6543)**	0.1037 (0.7095)	0.3255 (1.4810)	−0.1049 (−0.5306)	0.0936 (0.7799)	—

注："**"和"***"分别表示在 5% 和 1% 的显著性水平下拒绝原假设，DLRU 2 表示 1990 年以后俄罗斯军事资本取对数之后的一阶差分。

　　表 6.8 中的回归结果表明，除了日本和俄罗斯之间可能存在军备竞赛外，其他国家以及中国台湾之间没有在军事实力方面相互攀比，竞相增加军事实力，并不存在军备竞赛。但并不排除这段时期部分国家（地区）单方面根据对手的军事实力改变军事实力，从表 6.8 中可以发现，日本和俄罗斯都会根据我国军事实力的情况来改变本国的军事实力，由于回归系数都为正且比较显著，所以可以预见，当中国军事实力增加时，日本和俄罗斯的军事实力也会随之增加，但中国却没有因为日本和俄罗斯军事实力的增加而增加军事实力。可见，作为发展中国家的中国，坚定不移地走和平发展的道路，中国军事实力的增加仅仅是出于维护国家统一和领土完整等方面的需要，并不是为了与其他国家和地区进行军备竞赛，中国没有与其他国家和地区进行军备竞赛，也不会对其他国家和地区构成军事威胁，"中国军事威胁论"的观点并不成立。

　　值得一提的是，美国在这一时期成为唯一的军事大国，相对其他国家（地区）具有绝对的军事优势，所以美国并没有根据其他国家（地区）军事实力的情况来调整本国军事实力，而印度为了和美国等国家争夺在亚洲的军事地

位,其军事实力会随着美国军事实力的调整做出相应变化。由表 6.8 还可以看出,虽然印度也会根据俄罗斯的军事实力情况进行调整,但这种调整并不是为了和俄罗斯进行军事竞争,而是由于俄罗斯是印度武器装备的主要进口国,当俄罗斯的军事实力雄厚时,印度便会有更多的机会从俄罗斯获得更多先进的武器装备。

研究进一步发现,中国台湾的军事实力会根据中国大陆军事实力的变化发生相应变化,但这种变化是反向变化,从而说明,中国大陆和中国台湾之间不仅不存在军备竞赛,中国台湾反而会从中国大陆军事实力中获得利益,存在"搭便车"的现象,中国大陆的军事实力不仅为大陆同时也为中国台湾提供了发展经济的安全环境。

为了进一步验证以上结论,本书采用了格兰杰因果检验进行了验证。① 结果如表 6.9 所示:

表 6.9 格兰杰因果检验结果

原假设	F－统计量	概率值	滞后阶数	结论
DLJP 不是 *DLCH* 的格兰杰原因	0.2035	0.6563	1	*DLJP* 不是 *DLCH* 的格兰杰原因
DLCH 不是 *DLJP* 的格兰杰原因	6.0144	0.0226	1	*DLCH* 是 *DLJP* 的格兰杰原因
DLRU 不是 *DLCH* 的格兰杰原因	0.8552	0.6275	6	*DLRU* 不是 *DLCH* 的格兰杰原因
DLCH 不是 *DLRU* 的格兰杰原因	8.4752	0.1000	6	*DLCH* 是 *DLRU* 的格兰杰原因
DLJP 不是 *DLRU* 的格兰杰原因	9.2343	0.0103	1	*DLJP* 是 *DLRU* 的格兰杰原因
DLRU 不是 *DLJP* 的格兰杰原因	9.0924	0.0108	1	*DLRU* 是 *DLJP* 的格兰杰原因
DLRU 不是 *DLIN* 的格兰杰原因	0.8150	0.6425	6	*DLRU* 不是 *DLIN* 的格兰杰原因
DLIN 不是 *DLRU* 的格兰杰原因	5.6140	0.1589	6	*DLIN* 不是 *DLRU* 的格兰杰原因
DLZGTW 不是 *DLCH* 的格兰杰原因	1.8887	0.1832	1	*DLZGTW* 不是 *DLCH* 的格兰杰原因
DLCH 不是 *DLZGTW* 的格兰杰原因	3.6845	0.0680	1	*DLCH* 是 *DLZGTW* 的格兰杰原因
DLAM 不是 *DLIN* 的格兰杰原因	5.3372	0.0306	1	*DLAM* 是 *DLIN* 的格兰杰原因
DLIN 不是 *DLAM* 的格兰杰原因	1.6893	0.2072	1	*DLIN* 不是 *DLAM* 的格兰杰原因

注:滞后阶数根据 *AIC*、*SIC*、*LR*、*HQ* 等统计量给出。

---

① 本书只提供了有显著关系国家间格兰杰因果检验结果,没有显著关系国家之间不存在格兰杰因果关系。

　　表 6.9 和表 6.8 的结论除了俄罗斯和印度之间的关系不一致外，其余基本一致。表 6.8 的结果显示俄罗斯军事实力的变化能引起印度军事实力的变化，而在表 6.9 中却不能得出类似的结论，表 6.9 的结果表明印度和俄罗斯的军事实力变化之间并不存在格兰杰因果关系。但表 6.9 的结果显示日本和俄罗斯的军事实力变化存在双向因果关系，从而说明日本和俄罗斯之间很可能存在军备竞赛。为进一步验证这种结论，并得出军备竞赛的稳定状态，本书采用了理查森军备竞赛模型进行了验证。

　　理查森模型可以用军事实力的变化来表示，[①] 令 $m(t)$ 表示甲国的军事资本，$n(t)$ 表示乙国的军事资本，dm/dt 和 dn/dt 分别表示 $m(t)$ 和 $n(t)$ 的变化率。$dm/dt(dn/dt)$ 取决于三个独立的因素：第一个因素称为防务因素，即乙国（甲国）的军事资本 $n(t)(m(t))$，敌对国的军事资本对本国军事资本的变化率具有正向关系，表示保卫自己抵抗对手的需要；第二个因素是疲劳因素，即甲国（乙国）军事资本 $m(t)(n(t))$，该因素对 $dm/dt(dn/dt)$ 具有负向影响；第三个因素称为委屈因素，表示所有影响 $dm/dt(dn/dt)$ 的其他因素。那么理查森模型可表示为：

$$\begin{cases} \dfrac{dm}{dt} = Kn - \alpha m + g \\[2mm] \dfrac{dn}{dt} = Lm - \beta n + h \end{cases} \tag{6.1}$$

　　其中，g 和 h 表示委屈项，其符号可正可负，K、α、L、β 均为正数。在一个动态过程的均衡点上，军事资本的变化率为 0，即 $dm/dt = dn/dt = 0$ 时，从而得到甲国对乙国的反应函数：$n = \dfrac{am - g}{K}$ 和乙国对甲国的反应函数：$m = \dfrac{\beta n - h}{L}$，见图 6.2。

　　利用以上两个反应函数可以得出：如果 g 和 h 均为正数，且 $\alpha\beta - LK > 0$，则存在一个均衡点（点 A），也就是说军备竞赛存在稳定状态，而不至于无限持续下去并最终爆发战争。在稳定状态下，甲国和乙国的军事资本分别为：

$$m = \frac{\beta g + hK}{\alpha\beta - LK}, \quad n = \frac{\alpha h + gL}{\alpha\beta - LK}。$$

　　采用 ADF 和 PP 单位根方法可以验证 1991～2004 年序列 DLJP 和 DLRU2 以及序列 LJP 和 LRU2（1990 年以后俄罗斯军事资本取对数之后的数据）均为一阶单整序列，采用恩格尔 - 格兰杰两步法检验发现 DLJP 和 LRU2、LJP 之间以及

---

①　姜鲁鸣. 现代国防经济学 [M]. 北京：中国财政经济出版社，2007.

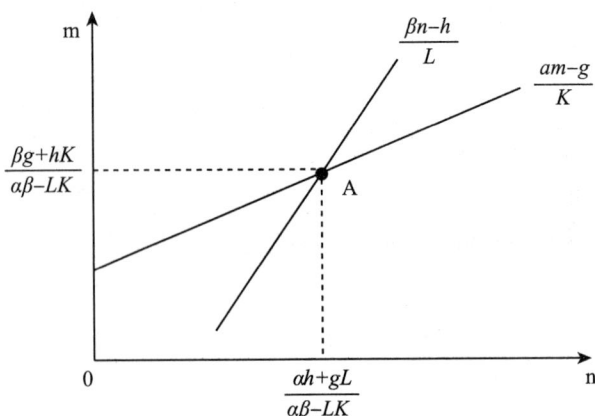

图 6.2　两国军事资本（军事实力）之间的反应函数

$DLRU2$ 和 LJP、$LRU2$ 之间存在协整关系，可以建立如下理查森竞赛模型：①

$$DLJP = 1.2837 + 0.02112LRU2 - 0.2178LJP \qquad (6.2)$$
$$(2.8603)　(4.2611)　(-2.9558)$$

$$R^2 = 0.9239，调整后的 R^2 = 0.91，DW = 1.5773$$

$$DLRU2 = 1.8815 - 0.2732LJP - 0.02212LRU2 \qquad (6.3)$$
$$(5.1983)　(-5.4136)　(-4.8043)$$

$$R^2 = 0.7，调整后的 R^2 = 0.6406，DW = 1.5609$$

　　括号内的数值为 t 值，通过 t 值可知所有变量和常数前的系数均不等于 0。与理查森理论模型比较，发现除了方程（6.3）中 LJP 前的系数符号为负外，其余变量前的系数符号均符合理查森模型的假设。但由于 LJP 前的系数符号为负，说明日本军事实力的增加不能引起俄罗斯军事实力的增加，也就说明他们之间不存在军备竞赛。我们可以把条件放宽，即允许 LJP 前的系数符号为负，由于 $g = 1.2837$ 和 $h = 1.8815$ 均为正数，$\alpha\beta - LK = (-0.2178) \times (-0.02212) - (-0.2732) \times 0.02112 = 0.01059 > 0$，所以即便日本和俄罗斯之间存在军备竞赛，也会达到一种稳定的状态，而不会持续进行下去。可以验证，在稳定状态下，日本和俄罗斯的军事实力均为正数。

---

① 之所以没有采用 2005 年的数据是因为 2005 年数据产生较强的序列相关性。1990～2004 年的数据与 1991～2004 年的数据得出的结论一致。

第7章 军事资本与经济增长

回顾我国历史，两千多年前孙子就曾经指出"兵不强则不可以摧敌，国不富则不足以养兵"。这句充满思辨和哲理的名言，揭示的正是军事实力与经济实力之间的辩证关系。恩格斯在《反杜林论》中也指出："暴力的胜利，是以武器的生产为基础的，而武器的生产又是以整个生产为基础，因而是以'经济力量'，以'经济情况'，以暴力所拥有的物质资料为基础的。"也就是说，打赢战争要依赖于武器装备，而武器装备的水平则依赖于该国的经济实力。国家经济实力制约国防建设的规模与质量。那么，反过来，国防建设的发展也制约着经济建设的发展。

一般而言，军事实力可以对经济增长产生正向溢出效应。军事实力能够为国家经济发展提供稳定的社会环境，保证国内法律和秩序的正常运行以及经济发展的有序运转，可极大地促进经济的发展。高速的经济增长，不可能在受到外敌入侵或在不安全的环境中实现，军事实力产生的这种更为安全的社会环境是难以用机会成本进行衡量的。

首先，强大的军事实力为维护国家主权和领土完整提供坚强保障。我国是拥有13多亿人口并处于转型时期的发展中国家，又是亚洲诸国中邻国最多、地缘矛盾最复杂的战略主体，所面临安全问题的综合性、复杂性、多变性世所罕见。当今世界10个人口最多的国家，有6个在中国周边；公开宣称拥有核武器的8个国家，有4个在中国周边；世界5大潜在热点冲突地区，有4个在中国周边。2010年下半年以来，西方国家联手在汇率、贸易等问题上接连向我国施压，美国与日本、韩国、越南等国家在我国周边海域频频举行联合军演，高调介入南海问题，力图构筑围堵中国的C型包围圈。在西方敌对势力支持和怂恿下，"台独""藏独""东突"分裂势力加紧分裂破坏活动。只有建设一支与大国地位相称、与国家安全和发展利益相适应的强大的军事力量，才能为维护国家发展的重要战略机遇期提供坚强的安全保障。再以海洋安全问题为例。全世界共有大大小小的海洋通道 1000 多条，适于航行的只有 130 多条。我国通往世界的有 39 条航线，大部分都受到他国的战略钳制，尤其是马六甲海峡。早在 2000 年美国就与新加坡政府签订了一项协议，在樟宜建立了一个联合海军基地。这就意味着每一艘经过马六甲海峡的船只都要经过美军的监视。我国的石油对外依存度已经超过 50%，在进口石油中，一半来自于最动荡最不安的海湾地区，还有 20% 来自苏丹、安哥拉、利比亚以及尼日利亚等非洲国家，这就是说，我国每年 70% 的进口石油运输要通过马六甲海峡。和平时期问题还不大，但是，一旦局势紧张或者发生战争，后果则不堪设想。因此，为了保障我国的海外经济利益和海上交通安全，建设一支强大的海军力量势在必行。

其次，强大的军事实力为赢得遏制与反遏制斗争胜利提供了坚强后盾。在大国兴衰更替中，存在"第二魔咒"现象。如，苏联经济上升为世界第二后，却在军备竞赛中被拖垮了；日本上升为世界第二后，日元被迫升值导致经济停滞了 20 年。当前，我国 GDP 总量已跃居世界第二，遏制与反遏制斗争更加激烈。以美国为首的西方资本主义国家，为建立清一色、大一统的国际格局，加紧对我国推行西化、分化战略。要突破西方围堵，破解"第二魔咒"，必须在经济实力增强的同时，大幅提升军事实力，以强大的军事威慑力确保我国在国际战略博弈中赢得主动。

再次，如果能够将国防投入控制在合理范围内，军事实力对经济社会还能起到正面的"溢出"效益。例如：拉动科技、拉动就业、拉动消费、拉动基础设施建设等。在军事实力的形成过程中，军事科研费占国防支出的比重呈现不断上升趋势。例如，美国在 20 世纪 70 年代军事科研费占国防支出的比重为 9.8%，经过 20 年的发展，这个比例上升为 15%。印度军事科研费占国防支出的比重由 1980 年的 2.1% 上升到 1990 年的 4.9%。日本军事科研费占防务费的比重从 1980 年的 1%，上升到 1992 年的 2.4%。不仅军事科研费占国防支出的比重呈现上升趋势，军事科研费在政府科研费中的比重也较大。在美国，军事科研费占政府科研费的比重高达 50% 以上，英国也在 40% 以上。随着军事科研费的提高，各种军事技术得到了较大发展，这些军事科技不仅能够应用于军事领域，同时军事技术大量地向民用部门溢出，同样有利于民用部门生产力的提高，甚至对经济增长和发展产生革命性的影响。军事实力的形成还能为社会增加就业，一方面有更多的人员会投入到军事生产部门，直接促进社会就业；另一方面，在军事实力形成的过程中，军事部门会增加对民用部门的需求，为民用部门提供更多的就业机会。美国经济学家弗里德曼说过："历史告诉我们，国防开支会刺激经济发展，是第二次世界大战而不是'新政'结束了大萧条。"据美国有关机构统计，在国防科技开发方面投入1美元，技术转为民用后就可以带动GDP增加8美元。因此，第二次世界大战以后，美国每10年就推出一个以军带民的大型军事工程，拉动美国经济的快速增长。20世纪50年代的曼哈顿工程拉动美国经济增长十年；60年代的阿波罗登月计划，阿姆斯特朗在月球上迈出一小步，就拉动美国经济迈出十年一大步；70年代尼克松的航天飞机计划、80年代里根提出的星球大战计划、90年代克林顿的信息高速公路计划，再次拉动美国经济三个十年的经济增长。被评为2009年中国十大科技进展之首的我国首台千万亿次超级计算机系统——"天河"一号，就是利用军队科技力量支持地方转变经济发展方式的典型案例。"天河"一号广泛应用于石油勘探数据处理、生物医药研究、航空航天装备研制、新材料开发和设计、资源勘测和卫星遥感数据处理等领域，有力带动了天津滨海新区高科技服务产业、高端信息产业的发展，形成了一个产值数百亿元的信息产业集群，促进了天津滨海新区经济结构调整和转型。

当然，军事资本也会对经济增长产生负外部性，军事投资支出的增加会减少同等数额的民用投资支出。军事投资主要用于枪炮、军舰、导弹和坦克"非生产性"的国防产品上，这些产品无助于消费，更重要的是军事投资挤占了更多的民用投资，进而会产生较大的机会成本，对经济增长是有害的。例如，西班牙早在16世纪就依靠新航线和殖民掠夺建立起势力遍布全球的殖民帝国。到16世纪末，西班牙占有世界金银总产量中的83%。然而大量的金银财富，没有用来发展经济，几乎都用来战争。在16世纪的100年中，西班牙只有25年是和平时期，在17世纪的100年里更是仅有21年是和平时期，其余的时间都备受战争的困扰。而这些频繁的战争大多是不必要的。当时国王腓力二世，在向世界宣布国家银行破产的情况下，仍然耗费全部财力，打造了拥有132艘战舰、2760门火炮、3万多人的"无敌舰队"。巨额的战争消耗给西班牙国力尤其是经济和财政带来了严重的后果，国内工业极度萎缩，货币急剧贬值。到了17世纪，西班牙从强盛的顶峰上跌落了下来，沦为了西欧二流的国家。同样，苏联解体的原因是多方面的，有政治上的，也有经济上的，而导致苏联经济最终全盘恶化的一个最重要的原因就是国防建设投入过大，超出了国家经济所能承受的范围。苏联为了推行错误的争霸扩张政策，每年的军费开支高达国民生产总值的15%。而当时美国的军事开支最高也没有超过其国民生产总值的7%，由于苏联的国民生产总值只有美国的一半稍多一点，因此，苏联公民的军费负担比美国人重得多。结果，正如耶鲁大学历史学教授保罗·肯尼迪在《大国的兴衰》这本书中所说的："如果一国的军事开支超过其经济总量的10%，它的经济增长会受到影响，衰落是不可避免的。"

2011年，哈佛大学教授约瑟夫·奈（Joseph S. Nye）发表了题为《经济实力取代了军事实力吗?》的文章，指出：目前有些人认为军事实力的功效非常有限，不能时常在某些情况中发挥决定性作用，不再是衡量国家实力的终极标准，被一些人形容为世界政治实力终极表现的军事实力，需要繁荣的经济为基础。这些人认为一个在经济上占主导地位的国家，很快也会在军事上占主导地位，经济实力已经取代了军事实力。[①]

经济实力与军事实力的关系自古以来就是一个争论的焦点问题。不同的时代和不同的国家对待两者的关系也不尽一致。16世纪，以柯尔培尔为代表的重商主义非常认同军事实力与经济实力的统一，认为国家拥有的货币数量（经济实力）决定着一个国家的政治军事实力，而军事实力则是货币财富（经济实力）不断流入的保证，主张殖民扩张，壮大军队，以保证货币财富的不断流入。19世纪的自由主义者认为经济乃是实力的根本，他们相信随着贸易和金融相互依赖性的日渐增强，战争将变得过时。马克思和恩格斯则把辩证唯物主义和历史唯物主义运用到军事领域，阐述了暴力与经济的有机联系。20世纪50年代，军事凯恩斯主义则认为经济实力可以影响军事实力，同时通过政府对军队和武器的支出，可以促进经济增长，也认同军事实力与经济实力的统一。正如约瑟夫·奈在《经济实力取代了军事实力吗?》的文章中所说，在21世纪，尽管军事实力的效用比不上19世纪和20世纪，在当前越来越多的局势中很难发挥作用，但它仍然是世界政治实力中至关重要的组成部分。在国内，多数人认为军事实力和经济实力缺一不可。国内多数学者，例如黄新（2005）等也认同军事实力必须与经济实力协调发展。

纵观以上观点，在军事实力与经济实力关系的研究中，主要是从理论的角度

---

① Joseph S. Nye. Has Economic Power Replaced Military Might? ［EB/OL］. http://www.project-syndi-cate.org/commentary/has-economic-power-replaced-military-might-, 2011-6-6.

进行了阐述,而关于经济实力与军事实力关系的实证分析很少。那么我国的军事实力与经济实力是否协调发展,经济实力又是否取代了军事实力呢?军事实力对经济增长的贡献有多大,在经济增长中的效率如何?军事实力的波动情况如何?这些问题的回答将在以下部分通过各种实证分析得以解决。

7.1　军事资本和经济增长的协整关系以及格兰杰因果关系

本部分从协整关系和格兰杰因果检验研究了我国军事资本与经济增长的关系。在研究协整关系之前,必须确定序列为同阶单整序列,为此需要进行单位根检验。为初步判断数据的平稳性,本书绘制了 1952 ~ 2013 年我国军事资本(军事实力)和 GDP 的走势图(见图 7.1)。其中军事资本(即军事实力,用 MI 表示)采用表 5.6 中第二列数据(1952 年不变价),同时利用 GDP 平减指数将 1952 ~ 2013 年的 GDP 调整为 1952 年不变价,1952 ~ 2004 年的数据来自《新中国五十五年统计资料汇编》,2005 以后的数据来自《中国统计年鉴》以及国家统计局发布的相关数据。为消除异方差性,本书将所有数据做对数处理。

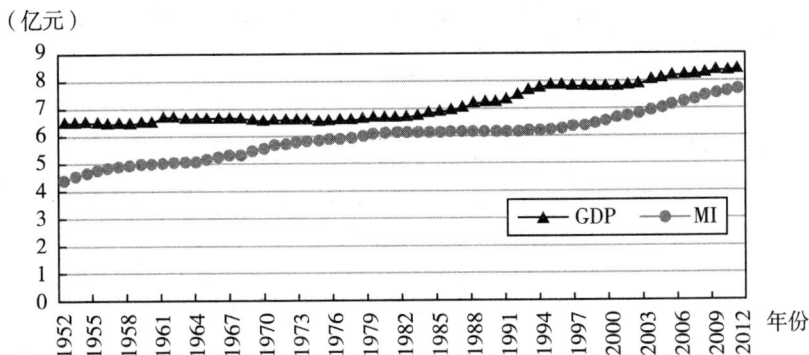

图 7.1　我国 GDP 和军事实力趋势

从上图可以看出,取对数之后的 GDP 和军事资本均为非平稳序列。表 7.1

列出了采用 PP 单位根检验的结果。① 从表 7.1 单位根检验结果可以看出 LGDP 和 LMI 均具有一个单位根，它们之间可能存在协整关系。本书采用约翰森 - 尤塞（Johansen-Jusekius）（简称 JJ）迹（trace）检验和最大特征根（Max-Eigen）检验对 1952 ~ 2013 年我国 GDP 和军事资本之间的协整关系进行了检验，检验结果见表 7.2（恩格尔 - 格兰杰协整检验的结果和 JJ 检验结果一致）。

表 7.1 GDP 和军事资本的 PP 单位根检验结果

变量名	检验类型	PP 检验		是否平稳
		数值	概率	
$LGDP$	$(c, t, 4)$	-1.3495	0.8657	不平稳
LMI	$(c, t, 5)$	-1.1365	0.9140	不平稳
$DLGDP$	$(c, 0, 3)$	-3.9170	0.0034	平稳
$DLMI$	$(c, 0, 4)$	-3.3961	0.0149	平稳

注：$LGDP$ 和 LMI 分别表示 GDP 和军事资本的对数值，$DLGDP$ 和 DLM 分别表示 $LGDP$ 和 $LMII$ 一阶差分。该函数采用 Barlett 函数形式，带宽采用 Newey-West 带宽。(c, t, q) 分别代表常数项、时间趋势项和带宽。

表 7.2 我国 GDP 和军事资本的 JJ 协整检验结果

变量名	原假设	备则假设	特征值	Trace Statistic（5% 水平下的临界值）	Max-Eigen 统计量（5% 水平下的临界值）	结 论
LGDP	R = 0	R = 1	0.22814	17.9077 (15.4947) **	15.0189 (14.2646) **	存在一个协整关系
LMI	R ≤ 1	R = 2	0.04859	2.8887 (3.8414)	2.8887 (3.8414)	

注：** 表示在 5% 的显著性水平下拒绝原假设。R 表示协整方程个数，滞后阶数为 3。

表 7.2 的结果显示我国军事资本和经济增长之间存在长期均衡关系，说明军事资本和经济增长之间至少存在一个方向上的格兰杰因果关系，但究竟谁是谁的原因需要通过格兰杰因果检验进行验证，结果见表 7.3。

---

① ADF 检验能得出类似的结果，本书只提供 PP 检验结果。

表7.3　　　　　　　　　　　格兰杰因果检验结果

原假设	F - 统计量	概率值	滞后阶数	结　　论
LGDP 不是 LMI 的格兰杰原因	4.0956	0.0220	2	LGDP 是 LMI 的格兰杰原因
LMI 不是 LGDP 的格兰杰原因	2.6225	0.0817	2	LMI 是 LGDP 的格兰杰原因

注：滞后阶数根据 AIC、SIC、LR、HQ 等统计量给出。

通过表7.3发现，在10%的显著性水平下，我国军事资本与经济增长之间存在双向因果关系，军事资本和经济增长互为原因。不仅经济增长能影响军事资本，同时军事资本也能影响经济增长。经济增长对军事资本具有正向影响，但不能确定军事资本对经济增长是正向影响还是负向影响，本书将在下文借助哈罗德—多马模型探讨军事资本对经济增长的影响方向。

7.2　军事资本对经济增长贡献的研究

本部分将借助哈罗德—多马增长理论研究我国军事资本对经济增长的贡献。在哈罗德—多马模型中，$y = s/k$，y 表示产出增长率，s 表示储蓄率，k 表示资本产出比率。哈罗德—多马模型假定资本产出比不变并且储蓄全部能转化为投资，从而储蓄率即投资率或资本积累率成为决定经济增长率的唯一因素。因而模型实际上将资本积累视作决定经济增长的唯一因素。哈罗德—多马模型因为假定资本产出比不变和资本与其他生产要素不能相互替代等原因而受到指责。本书将放宽哈罗德—多马模型的条件，假定资本产出比是可变的，并将总资本划分为军事资本（即军事实力，MI）和非军事资本（NMI）两类资本。在哈罗德—多马模型中，$k = \dfrac{K}{Y}$，$K = MI + NMI$ 表示总资本，Y 表示总产出。令 $\theta = 1/k$，表示资本系数，那么

$$Y = \frac{Y}{K} \times K = 1/k \times K = \theta K = \theta(MI + NMI) \tag{7.1}$$

模型假定资本总存量是唯一投入，可见 θ 描述了资本的生产率。对方程（7.1）进行全微分，得到：

$$\Delta Y = \theta \Delta K + K \Delta \theta = \theta(\Delta MI) + \theta \Delta NMI + K \Delta \theta \tag{7.2}$$

将方程（7.2）两边同时除以 Y，得到：

$$\frac{\Delta Y}{Y} = \theta \frac{\Delta MI}{Y} + \theta \frac{\Delta NMI}{Y} + \Delta\theta \frac{K}{Y} \quad (7.3)$$

将（7.1）代入（7.3），得到：

$$\frac{\Delta Y}{Y} = \theta \frac{\Delta MI}{\theta K} + \theta \frac{\Delta NMI}{\theta K} + \Delta\theta \frac{K}{\theta K} = \frac{\Delta MI}{K} + \frac{\Delta NMI}{K} + \frac{\Delta\theta}{\theta} \quad (7.4)$$

由（7.4）可以看出，增长率是军事资本变动占总资本的比重、非军事资本变动占总资本的比重以及资本效率的变动率三方面共同引起的。将方程（7.4）两边同时除以 $\frac{\Delta Y}{Y}$，得到：

$$\frac{\Delta MI/K}{\Delta Y/Y} + \frac{\Delta NMI/K}{\Delta Y/Y} + \frac{\Delta\theta/\theta}{\Delta Y/Y} = 1 \quad (7.5)$$

根据方程（7.5），分别用 $\frac{\Delta MI/K}{\Delta Y/Y}$、$\frac{\Delta NMI/K}{\Delta Y/Y}$ 和 $\frac{\Delta\theta/\theta}{\Delta Y/Y}$ 表示军事资本、非军事资本和资本效率对产出的贡献率，分别用 MI_1、NMI_1 和 θ_1 表示。将数据代入（由于是比值，不存在单位关系，本部分指标均采用当年价），可以得到各变量的贡献率，并将数据进行标准处理，见表7.4和图7.2。

表7.4　　　　　　　　　各要素对经济增长的贡献率　　　　　　　单位:%

年份	MI_1	NMI_1	θ_1	合计
1953	9.8159	4.7373	85.4469	100
1954	24.4230	105.8405	−30.2635	100
1955	11.7223	23.0181	65.2596	100
1956	7.3436	86.0572	6.5992	100
1957	2.8671	146.3078	−49.1749	100
1958	1.9189	105.6624	−7.5813	100
1959	8.1384	221.1137	−129.2521	100
1960	4.0072	312.1058	−216.1130	100
1961	0.2565	27.0126	72.7309	100
1962	−26.4966	−72.3044	198.8010	100
1963	11.9770	32.3057	55.7173	100

年份	MI_1	NMI_1	θ_1	合计
1964	1.4540	−9.0479	107.5939	100
1965	1.8769	9.4047	88.7184	100
1966	6.6991	47.1031	46.1978	100
1967	−9.3005	−33.3080	142.6085	100
1968	−6.0694	143.6979	−37.6285	100
1969	0.1217	−64.9698	164.8481	100
1970	12.9808	109.0799	−22.0606	100
1971	16.2684	127.4425	−43.7108	100
1972	21.4795	192.2223	−113.7018	100
1973	7.0760	94.4617	−1.5377	100
1974	10.5818	213.7273	−124.3091	100
1975	5.9492	125.0543	−31.0036	100
1976	182.1761	4009.7513	−4091.9274	100
1977	4.9693	91.6105	3.4203	100
1978	3.4382	77.6826	18.8792	100
1979	7.2560	92.7325	0.0115	100
1980	4.9430	93.1835	1.8735	100
1981	4.3928	116.7583	−21.1511	100
1982	2.9098	119.4154	−22.3252	100
1983	2.0513	103.4570	−5.5083	100
1984	1.6166	86.3280	12.0555	100
1985	1.8189	93.9830	4.1982	100
1986	2.0397	128.2171	−30.2567	100
1987	1.3382	107.1050	−8.4431	100
1988	1.9029	104.3173	−6.2202	100
1989	1.9423	114.3583	−16.3006	100
1990	1.7907	119.5687	−21.3594	100

年份	MI_1	NMI_1	θ_1	合计
1991	1.8407	105.5930	−7.4336	100
1992	1.8436	110.0133	−11.8569	100
1993	1.7989	117.2880	−19.0869	100
1994	0.8549	89.1680	9.9771	100
1995	0.6430	92.2438	7.1132	100
1996	0.8009	110.8265	−11.6274	100
1997	0.7458	123.9814	−24.7272	100
1998	0.8714	138.9386	−39.8100	100
1999	0.9280	134.9238	−35.8518	100
2000	0.9180	116.8196	−17.7376	100
2001	1.1018	114.1013	−15.2031	100
2002	1.1203	115.9563	−17.0766	100
2003	0.9779	113.3190	−14.2969	100
2004	0.8584	109.3362	−10.1946	100
2005	0.5114	80.6749	18.8137	100

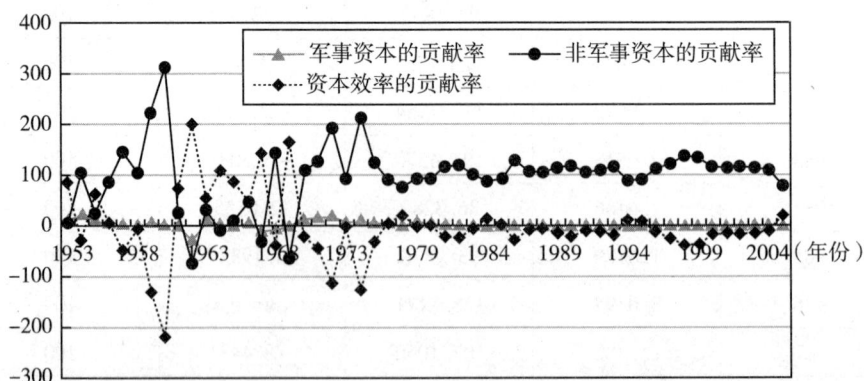

图 7.2　各变量对经济增长的贡献率

以上图表显示：（1）军事资本和非军事资本对我国经济增长的贡献基本为

正数，也就是说军事资本和非军事资本都能促进我国经济的增长，[①] 军事资本对经济增长的贡献率平均而言达到了 6.9%；而资本效率对经济增长的贡献基本上为负值，平均值高达 −78.2%。（2）军事资本对经济增长的贡献率在 1984 年之前数值较大，但是波动较大。1953～1983 年，军事资本对经济增长的贡献率的最大值出现在 1976 年为 182%，最低值为 1962 年的 −26%。1984 年之后军事资本对经济增长的贡献率数值比较稳定，但是数值较小，这段时期军事资本对经济增长贡献率的平均值仅为 1.5%。（3）非军事资本对经济增长的贡献率在 1978 年之前波动较大，但 1978 年之后非军事资本对经济增长的贡献率比较稳定且数值较大，成为经济增长的主要原因。

7.3　军事资本与经济增长的周期波动性——基于序列分解的研究

军事资本的波动性是指军事资本的变化随国家安全的不同威胁程度和战略安排等因素而在一定范围内呈现增减交递变化的趋势，这种趋势通常具有一定的周期性。由于军事实力数据的可获得性，关于军事实力的周期性研究主要从国防支出的角度进行分析。由于经济、制度、价格以及国家安全形势等方面的影响，我国国防支出增长呈现出比较剧烈的周期波动性。于连坤（2002）对我国国防支出规模进行了实证分析，认为从 1951 年到 2000 年的 50 年中，与上一年相比，我国国防支出相对规模有 11 个年份是下降的，有 39 个年份是上升的，共有三个波动周期。第一个波动周期是 1950～1964 年，第二个波动周期是 1965～1994 年，第三个波动周期是 1995 年以后。[②] 陈炳福（2010）采用谷—谷法，对我国国防支出波动进行了分析，发现从 1953～2004 年，我国的国防支出波动共经历了 9 个周期。从 1953～1980 年，经历了 6 个周期，1981 年至今，经历了 3 个周期。从总体上看，中国国防支出波动以 1980 年为分界线，前后呈现两种不同的形态特征：1980 年前，大起大落，呈"过山车"状；1981 年后，周期拉长，波动趋于

---

① 由于 1976 年的数据和其他年份的差距较大，所以图 7.2 中舍弃了 1976 年的数据。
② 杨仕鹏. 军费规模研究综述. 军事经济学院学报，2005（12）.

平滑。①

在不同时期因国内外环境的不同和经济发展程度的不同，我国军事实力的变化必然会体现出不同的增长和波动性。本部分将运用序列分解方法，对我国军事实力的周期性和经济增长的周期性进行比较分析。

一个序列一般由长期时间趋势 T、季节波动 S、周期波动 C 以及不规则波动 I 组成，将 T、S 和 I 从序列中分离出来就可以得到序列的周期成分，其中主要是剔除长期趋势。在分解之前，需要对各变量进行单位根检验，以明确各变量是否包含长期趋势。本书采用 ADF 检验对各序列（1978 年不变价数据）进行了单位根分析，结果见表 7.5。

表 7.5　　　　　　　　　　各序列的单位根检验

变量名	检验类型	ADF		是否平稳
		数值	概率	
GDP	$(c, t, 7)$	-0.61887	0.9741	不平稳
MI	$(c, t, 1)$	0.035881	0.9959	不平稳

注：滞后阶数根据 SIC 原则选择。(c, t, p) 分别代表常数项、时间趋势项和滞后项。

从以上分析结果看，各个序列存在单位根，很可能存在长期趋势，为此本书分别采用 HP 滤波分解、BK 滤波分解和 CF 滤波分解对以上各序列进行分解，进而得到各序列的周期成分。

滤波分解法借助了物理学中滤波器原理，序列中的趋势、周期和不规则成分分别对应谱中的低频、中频和高频成分，在滤去不规则波动部分和长期趋势部分后，剩余部分就是周期波动成分。最基本的滤波设计有低通滤波、高通滤波和带通滤波三种。其中，理想的低通滤波只允许低频波或信息通过，而消除高频信息；理想的高通滤波只允许高频波通过，而消除低频波；理想的带通滤波是将低频信息和高频信息过滤掉，只保留中间频率的信息。从计算关系看，带通滤波可以表示为两个低通滤波或两个高通滤波之差。

霍德里克（Hodrick）－普莱斯考特（Prescott）（HP）滤波是分析长期趋势的一种常用方法。HP 滤波的实质是过滤掉低频的趋势成分，保留高频的周期成

---

① 陈炳福. 中国国防支出的增长、波动及影响因素分析. 东南大学学报（哲学社会科学版），2010（5）.

分，是一种近似的理想低通滤波。设 $\{Y_t\}$ 是一个只包含趋势和波动成分的时间序列，令 $\{Y_t^T\}$ 表示其中的趋势成分，$\{Y_t^C\}$ 表示波动成分，那么，

$$Y_t = Y_t^T + Y_t^C, \qquad t = 1,2,\cdots,T \tag{7.6}$$

HP 滤波主要是将 $\{Y_t^T\}$ 从 $\{Y_t\}$ 中分离出来。一般地，时间序列 $\{Y_t\}$ 中的 $\{Y_t^T\}$ 是不可观测的，常被定义为下面最小化问题的解：

$$\min \sum_{t=1}^{T} \{(Y_t - Y_t^T)^2 + \lambda[c(L)Y_t^T]^2\} \tag{7.7}$$

其中：$c(L)$ 是延迟算子多项式：

$$c(L) = (L^{-1} - 1) - (1 - L) \tag{7.8}$$

将 (7.8) 代入 (7.7)，则 HP 滤波就是使下面损失函数最小，即：

$$\min\left\{ \sum_{t=1}^{T}(Y_t - Y_t^T)^2 + \lambda \sum_{t=1}^{T}[(Y_{t+1}^T - Y_t^T) - (Y_t^T - Y_{t-1}^T)]^2 \right\} \tag{7.9}$$

以上分析涉及权重问题，要在趋势要素对实际序列的跟踪程度和趋势光滑度之间作一个选择。$\lambda = 0$ 时，满足最小化问题的趋势等于序列 $\{Y_t\}$；当 λ 增加时，估计趋势中的变化总数相对于序列中的变化减少，即 λ 越大，估计趋势越光滑；λ 趋于无穷大时，估计趋势将接近线性函数。λ 的取值如下：[①]

$$\lambda = \begin{cases} 100, & \text{年度数据} \\ 1600, & \text{季度数据} \\ 14400, & \text{月度数据} \end{cases}$$

HP 滤波的潜在假定序列的周期波动具有对称性，即扩张期和收缩期的长度相等，这可能和现实中周期波动的非对称性相矛盾。同时肯（King，1993）等人指出，HP 分解的准确性会随序列时序特性的变化而变化。[②]

BK 滤波由巴克斯特和肯（Baxter & King，1999）提出，是理想带通滤波的一种线性近似。它过滤掉低频的趋势成分和高频的不规则成分而保留了中间频率的周期成分。该方法实际上是一种对称的固定加权移动平均：

① 高铁梅主编. 计量经济分析方法与建模［M］，北京：清华大学出版社，2007.

② King, R. G. and Rebelo, S. T. Transitional Dynamics and Economic Growth in the Neoclassical Model［J］. American Economic Review, 1993(4).

$$Y_t^T = \sum_{i=-K}^{K} \xi_i Y_{t-i} \tag{7.10}$$

其中，权数 ξ 通过密度反应函数的逆傅里叶交换约束条件得到，K 表示截断长度，对于年度数据，K 一般取 3，对于季度数据，K 取 12。

BK 滤波对所有序列都采取固定周期区间成分分离的方法，假设滤波平稳并且对称。但现实中，序列的周期长度并不一定完全集中在 BK 滤波所设计的区间内，灵活性不够强，仍然没有完全克服 HP 滤波的缺点。

克里斯提诺和菲茨杰拉德（Christiano & Fitzgerald，2003）提出了一种新的滤波—Christiano-Fitzgerald（CF）滤波。在过滤时，CF 滤波考虑目标序列的平稳性特征，有选择地使用滤波分解方式。若序列表现为一阶单整过程时，滤波计算采用下列公式：

$$Y_t^T = A_0 Y_t + A_1 Y_{t+1} + \cdots + A_{T-1-t} + \vec{A}_{T-1} Y_T + A_1 Y_{t-1} + \cdots + A_{t-2} +$$

$$\vec{A}_{t-1} Y_1, t = 3,4,\cdots,T-2 \tag{7.11}$$

$\vec{A}_{t-1}$ 为移动平均因子 A_i 的线性组合。若序列为平稳序列，需要预先确定时间序列的趋势形式，然后再作剔除分解。若实际序列为年度数据，样本期的最大值和最小值分别为 8 和 2，若实际序列为季度数据，样本期的最大和最小值分别为 32 和 6。同 HP 滤波和 BK 滤波相比，CF 滤波考虑了数据的时序特征，而放弃了滤波的平稳性和对称性假设，因而分解出的周期性成分更为客观、准确。

CF 滤波主要有两种，一种是固定长度对称滤波，这种滤波虽然克服了滤波的平稳性问题，这种滤波需要根据实际情况选择移动平均时使用的超前、滞后项 n，有时 n 的不同选择对结果影响很大，这样得到的周期成分的稳定性不高，同时当样本数量较少时，而 n 较大时，会损失较多的自由度，得到结果的准确度也会降低；另外一种称为全样本长度非对称滤波，这种滤波同时克服了滤波的平稳性问题和对称性问题，也不用选择移动平均时使用的超前、滞后项 n。为此，本书主要采用全样本长度非对称 CF 滤波对我国 GDP 和军事资本（MI）进行分解，同时列出 HP 和 BK 滤波分解的结果，见表 7.6 和表 7.7。由于 GDP 和 MI 数据均为 I(1) 形式，所以，在 CF 滤波分解中的平稳性假定选择随机游走的 I(1) 形式，剔除趋势方法采取漂移调整法，得到 CF 滤波分解的周期成分和趋势成分，结果见表 7.8。

表 7.6　　　　　　　　　HP 滤波分解结果（λ＝100）　　　　　单位：亿元

年份	GDP		MI	
	周期成分	趋势成分	周期成分	趋势成分
1952	− 3. 9406	682. 9406	− 8. 9025	90. 2025
1953	22. 9312	689. 8716	− 0. 5962	97. 1427
1954	16. 0999	696. 7632	1. 2359	103. 9938
1955	4. 9175	703. 8053	5. 4219	110. 6610
1956	− 17. 2232	711. 3488	7. 6736	117. 0615
1957	− 33. 4184	719. 7937	8. 2539	123. 1669
1958	− 36. 3670	729. 3680	6. 6898	129. 0257
1959	− 39. 0398	739. 9653	6. 0175	134. 7686
1960	− 38. 9944	751. 1156	4. 8417	140. 5934
1961	58. 4854	761. 9585	0. 7129	146. 7580
1962	47. 3462	771. 2435	− 3. 3111	153. 5689
1963	18. 9151	778. 3054	− 6. 6701	161. 3394
1964	12. 0180	782. 9519	− 9. 4617	170. 3500
1965	16. 3611	785. 1803	− 9. 4818	180. 8144
1966	2. 7455	785. 1078	− 7. 2605	192. 8515
1967	10. 3211	783. 0153	− 13. 4839	206. 4857
1968	24. 4735	779. 2112	− 17. 6187	221. 6685
1969	− 0. 8030	774. 1070	− 9. 5352	238. 2168
1970	− 15. 7030	768. 3592	− 2. 4713	255. 7712
1971	− 5. 3125	762. 6159	8. 8495	273. 8769
1972	0. 1828	757. 3684	13. 5444	292. 0544
1973	5. 9131	753. 0548	12. 0186	309. 9129
1974	10. 4901	750. 1151	5. 7704	327. 1967
1975	2. 7199	749. 0484	1. 4634	343. 7706
1976	0. 1024	750. 4586	− 5. 9500	359. 5569
1977	3. 5874	754. 9769	− 9. 5465	374. 4926

续表

年份	GDP		MI	
	周期成分	趋势成分	周期成分	趋势成分
1978	5.5595	763.2356	− 7.8617	388.4552
1979	20.4294	775.9027	8.4375	401.2268
1980	32.5234	793.7019	13.4538	412.5108
1981	27.3389	817.5611	9.8481	422.0950
1982	− 5.0912	848.7337	8.6753	429.9017
1983	− 35.8429	888.7460	7.6874	435.9517
1984	− 44.1532	939.0740	6.9635	440.3527
1985	− 14.8690	1000.8350	6.8693	443.2890
1986	− 43.8662	1074.7040	7.0468	445.0147
1987	− 77.9432	1161.2090	7.5686	445.8526
1988	− 45.6680	1260.4370	4.7757	446.1960
1989	− 49.4279	1371.6990	4.7852	446.5137
1990	− 97.0610	1493.8450	8.3031	447.3224
1991	− 134.1466	1625.2350	12.0968	449.1868
1992	− 154.9656	1763.2550	12.6573	452.7543
1993	− 61.6963	1903.9520	3.6262	458.7934
1994	166.1027	2041.8210	1.1898	468.1993
1995	327.7887	2170.7420	1.3621	481.9034
1996	360.4217	2286.2550	− 0.6028	500.8489
1997	280.1071	2387.1780	− 7.5438	525.9927
1998	127.0692	2475.9340	− 8.8347	558.2856
1999	− 12.7814	2557.7470	− 12.7398	598.6031
2000	− 70.1804	2639.1100	− 20.6750	647.7322
2001	− 127.0999	2726.3890	− 17.6026	706.3327
2002	− 231.3498	2825.2510	− 12.5725	774.8573
2003	− 296.0441	2940.0870	− 13.0904	853.5832

续表

年份	GDP		MI	
	周期成分	趋势成分	周期成分	趋势成分
2004	− 257. 5280	3072. 9780	− 25. 7014	942. 6613
2005	18. 2191	3223. 0430	− 35. 3955	1042. 1120
2006	− 22. 1653	3386. 8280	− 35. 4554	1151. 6990
2007	60. 5779	3561. 0580	− 33. 5141	1270. 8300
2008	160. 5728	3742. 2380	− 36. 3677	1398. 5620
2009	− 48. 3300	3927. 4800	− 9. 6028	1533. 6130
2010	21. 1771	4115. 4980	11. 1619	1674. 3400
2011	155. 0017	4304. 5280	23. 4973	1819. 0010
2012	55. 4918	4493. 0120	48. 0166	1965. 9700
2013	− 54. 9791	4680. 9470	91. 3341	2113. 8520

表 7.7　　　　BK 滤波分解结果（截断长度 K 取 3，周期长度 2 ~ 8）　　　单位：亿元

年份	GDP		MI	
	周期成分	趋势成分	周期成分	趋势成分
1955	6. 8849	701. 8378	1. 7814	114. 3014
1956	− 5. 0535	699. 1791	2. 1652	122. 5698
1957	− 10. 5352	696. 9105	1. 9079	129. 5129
1958	− 10. 2902	703. 2913	0. 4157	135. 2998
1959	− 20. 4855	721. 4109	0. 7821	140. 0040
1960	− 34. 3462	746. 4674	1. 4302	144. 0048
1961	49. 2191	771. 2248	− 0. 3050	147. 7759
1962	28. 3589	790. 2308	− 1. 7023	151. 9601
1963	− 2. 7504	799. 9709	− 2. 7468	157. 4162
1964	− 5. 2172	800. 1871	− 3. 7028	164. 5911
1965	4. 7864	796. 7549	− 2. 0361	173. 3687
1966	− 6. 6893	794. 5425	1. 5998	183. 9912

续表

年份	GDP		MI	
	周期成分	趋势成分	周期成分	趋势成分
1967	2.6092	790.7271	−4.0598	197.0615
1968	19.6906	783.9941	−9.2314	213.2813
1969	−2.4396	775.7436	−4.2015	232.8832
1970	−15.0329	767.6891	−1.8029	255.1028
1971	−4.0334	761.3368	4.7708	277.9556
1972	−0.4943	758.0454	6.5818	299.0171
1973	1.9030	757.0649	5.0958	316.8356
1974	4.1469	756.4583	1.5919	331.3752
1975	−4.5864	756.3546	1.4855	343.7484
1976	−8.4317	758.9927	−2.6959	356.3028
1977	−8.1828	766.7472	−5.7234	370.6695
1978	−11.7834	780.5785	−5.9962	386.5898
1979	−2.0109	798.3430	6.9812	402.6832
1980	9.7481	816.4772	8.7082	417.2564
1981	10.8151	834.0850	3.1308	428.8122
1982	−11.5293	855.1718	1.7222	436.8548
1983	−31.1842	884.0874	1.4491	442.1900
1984	−28.3356	923.2564	1.1795	446.1366
1985	9.7055	976.2602	1.1772	448.9810
1986	−13.7876	1044.6250	1.3654	450.6960
1987	−41.4142	1124.6800	1.6919	451.7293
1988	2.6625	1212.1070	−1.8180	452.7896
1989	16.3877	1305.8830	−3.1973	454.4961
1990	−14.6847	1411.4690	−1.1947	456.8203
1991	−51.6794	1542.7680	1.6152	459.6683
1992	−106.6852	1714.9750	2.0251	463.3864

年份	GDP		MI	
	周期成分	趋势成分	周期成分	趋势成分
1993	− 85. 9761	1928. 2310	− 6. 2459	468. 6655
1994	49. 9383	2157. 9850	− 7. 1059	476. 4950
1995	134. 5262	2364. 0040	− 5. 0233	488. 2888
1996	136. 9711	2509. 7050	− 5. 1592	505. 4052
1997	84. 7987	2582. 4860	− 9. 9606	528. 4095
1998	2. 9608	2600. 0430	− 8. 6483	558. 0992
1999	− 48. 0196	2592. 9850	− 10. 3767	596. 2400
2000	− 18. 1002	2587. 0300	− 17. 2410	644. 2982
2001	− 2. 7244	2602. 0140	− 13. 5255	702. 2555
2002	− 68. 2067	2662. 1070	− 7. 0275	769. 3124
2003	− 131. 8922	2775. 9350	− 4. 7786	845. 2714
2004	− 125. 4607	2940. 9100	− 13. 3909	930. 3509
2005	89. 3552	3151. 9070	− 18. 3278	1025. 0440
2006	− 14. 8514	3379. 5140	− 15. 3513	1131. 5950
2007	26. 5657	3595. 0700	− 14. 8552	1252. 1710
2008	107. 7178	3795. 0930	− 24. 2342	1386. 4280
2009	− 108. 0237	3987. 1730	− 8. 4183	1532. 4290
2010	− 35. 8588	4172. 5340	− 3. 4392	1688. 9410

注：由于截断长度 K 取 3，所以数据前后均减少 3 年。

表 7. 8　　　　　　　　**CF 滤波分解结果（周期长度 2 ~ 8）**　　　　　　单位：亿元

年份	GDP		军事资本	
	周期成分	趋势成分	周期成分	趋势成分
1952	7. 3205	671. 6795	8. 7992	72. 5008
1953	5. 9322	706. 8706	1. 5072	95. 0393
1954	− 6. 7956	719. 6587	− 6. 0938	111. 3236

续表

年份	GDP		军事资本	
	周期成分	趋势成分	周期成分	趋势成分
1955	− 4. 3640	713. 0868	− 5. 3973	121. 4802
1956	− 2. 6324	696. 7580	− 2. 1297	126. 8647
1957	2. 7801	683. 5952	1. 7044	129. 7165
1958	8. 3084	684. 6927	3. 3248	132. 3907
1959	− 3. 6622	704. 5877	4. 2922	136. 4939
1960	− 27. 1489	739. 2701	3. 0920	142. 3430
1961	42. 4109	778. 0329	− 1. 5763	149. 0472
1962	10. 1875	808. 4023	− 4. 9561	155. 2139
1963	− 24. 5981	821. 8185	− 5. 2805	159. 9499
1964	− 22. 3368	817. 3067	− 2. 7577	163. 6460
1965	0. 1878	801. 3536	3. 2268	168. 1058
1966	3. 7197	784. 1335	9. 7002	175. 8908
1967	19. 2286	774. 1077	3. 8441	189. 1576
1968	29. 8303	773. 8544	− 4. 4954	208. 5453
1969	− 6. 0084	779. 3125	− 4. 0017	232. 6834
1970	− 30. 1090	782. 7652	− 5. 3043	258. 6042
1971	− 20. 5382	777. 8416	− 0. 1763	282. 9026
1972	− 6. 1413	763. 6925	2. 4877	303. 1112
1973	13. 0323	745. 9356	3. 2930	318. 6385
1974	26. 8473	733. 7579	2. 1318	330. 8353
1975	17. 0189	734. 7493	3. 0562	342. 1777
1976	0. 1568	750. 4041	− 1. 3837	354. 9905
1977	− 16. 4019	774. 9662	− 5. 3948	370. 3408
1978	− 29. 7007	798. 4957	− 7. 0261	387. 6196

年份	GDP		军事资本	
	周期成分	趋势成分	周期成分	趋势成分
1979	− 16. 3097	812. 6418	4. 7078	404. 9566
1980	10. 2762	815. 9491	5. 7741	420. 1905
1981	29. 3130	815. 5871	0. 0833	431. 8597
1982	19. 4139	824. 2285	− 1. 1421	439. 7191
1983	− 0. 6024	853. 5056	− 0. 9467	444. 5858
1984	− 12. 6324	907. 5531	− 0. 3812	447. 6973
1985	5. 5544	980. 4112	0. 1490	450. 0093
1986	− 28. 3641	1059. 2020	0. 2163	451. 8452
1987	− 48. 6299	1131. 8950	0. 3673	453. 0540
1988	19. 0202	1195. 7490	− 2. 5310	453. 5026
1989	60. 6216	1261. 6490	− 2. 2279	453. 5267
1990	45. 5245	1351. 2600	1. 6149	454. 0106
1991	3. 7116	1487. 3770	5. 2510	456. 0326
1992	− 73. 2268	1681. 5160	5. 0866	460. 3249
1993	− 82. 4129	1924. 6680	− 4. 5391	466. 9588
1994	21. 7141	2186. 2090	− 6. 1623	475. 5515
1995	76. 0370	2422. 4930	− 2. 6973	485. 9627
1996	54. 4876	2592. 1890	1. 1575	499. 0886
1997	− 4. 8523	2672. 1370	1. 2374	517. 2115
1998	− 63. 9806	2666. 9840	5. 9062	543. 5446
1999	− 63. 4132	2608. 3790	4. 8065	581. 0568
2000	24. 8960	2544. 0330	− 4. 0792	631. 1365
2001	78. 0606	2521. 2290	− 4. 1404	692. 8704
2002	22. 3556	2571. 5450	− 1. 2102	763. 4951

年份	GDP		军事资本	
	周期成分	趋势成分	周期成分	趋势成分
2003	−58.6568	2702.6990	0.4968	839.9960
2004	−84.5081	2899.9580	−4.1985	921.1585
2005	105.9249	3135.3370	−2.2633	1008.9800
2006	−15.0667	3379.7290	7.7434	1108.5000
2007	9.1476	3612.4880	11.5309	1225.7850
2008	77.8319	3824.9790	−2.5308	1364.7250
2009	−138.7344	4017.8840	0.0140	1523.9960
2010	−58.3617	4195.0370	−10.1817	1695.6830
2011	101.7665	4357.7630	−23.9301	1866.4290
2012	45.7580	4502.7460	−6.9499	2020.9370
2013	1.8759	4624.0920	58.6181	2146.5680

为反映各种滤波分解法得到的周期成分之间的关系，表7.9列出了三种滤波分解得到的周期成分的相关系数。

从表7.9可以看出，CF周期成分和HP周期成分以及BK周期成分之间的相关系数较小，这很有可能是由于HP滤波和BK滤波存在的缺陷造成的，所以在以下的分析中只采用全样本长度非对称CF滤波分解法。采用该方法，得到GDP、军事资本MI的周期成分演进图，见图7.3和图7.4。

表7.9　　　　　　　不同滤波得到的周期成分的相关系数表

周期成分	GDP			MI		
	HP周期成分	BK周期成分	CF周期成分	HP周期成分	BK周期成分	CF周期成分
HP周期成分	1.0000	0.8665	0.3660	1.0000	0.8977	0.007541
BK周期成分	0.8665	1.0000	0.7498	0.8977	1.0000	0.1923
CF周期成分	0.3660	0.7498	1.0000	0.007541	0.1923	1.0000

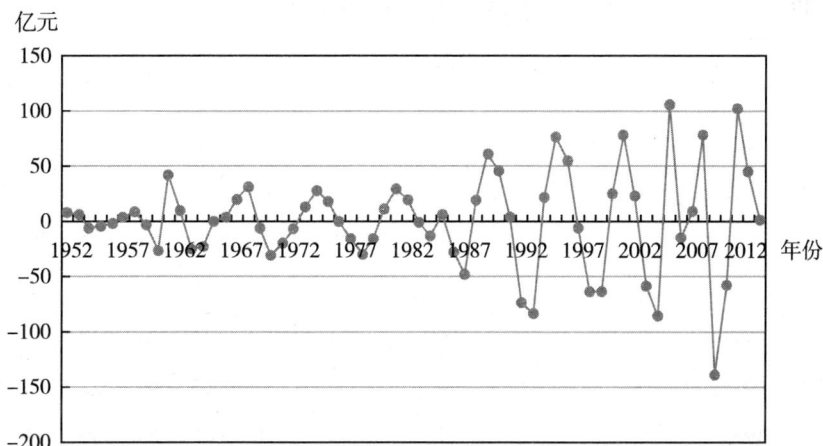

图 7.3 GDP 的周期成分演进图

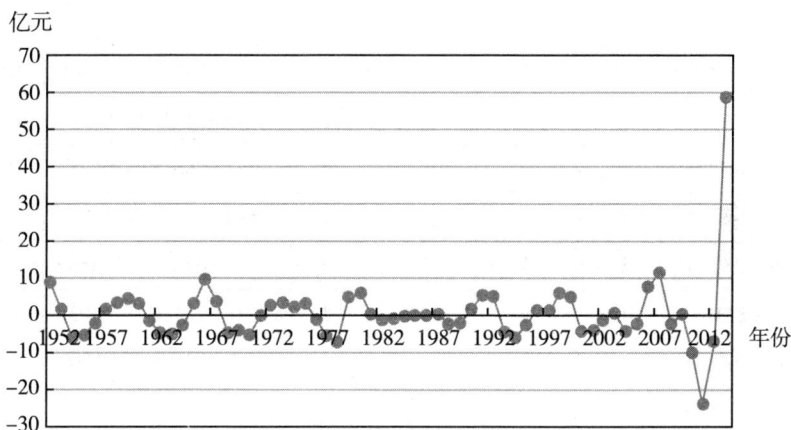

图 7.4 MI 的周期成分演进图

图 7.3 和图 7.4 显示，GDP 分别在 1989 年、1995 年、2001 年、2005 年、2008 年和 2011 年出现了六次较大的谷峰，而在 1993 年、1998 年、2004 年和 2009 年出现四次较大的谷底。军事资本 MI 在 1966 年和 2007 年出现两次较大的谷峰，在 2011 年出现一次较大的谷底。

根据图 7.3 和图 7.4，本书采用谷—谷法对各序列进行了周期划分，结果见表 7.10。

表 7.10 各变量的周期划分和特征分析

变量	起止时间	持续期	上升持续期	回落持续期	上升期 – 回落期	均值	标准差	波幅
GDP	1954～1960 年	7	4	3	1	-4.7878	11.0975	35.4573
	1961～1963 年	3	1	2	-1	9.3335	33.5127	67.0090
	1964～1970 年	7	5	2	3	-0.7840	21.2554	59.9394
	1971～1978 年	8	4	4	0	-1.9658	19.8568	56.5480
	1979～1987 年	9	4	5	-1	-4.6645	24.4237	77.9429
	1988～1993 年	6	2	4	-2	-4.4603	60.2622	143.0345
	1994～1998 年	5	2	3	-1	16.6812	54.6530	140.0176
	1999～2004 年	6	3	3	0	-13.5443	64.3674	162.5687
	2005～2009 年	5	3	2	1	7.8207	95.5641	244.6593
	2009 年至今							
MI	1954～1963 年	10	5	5	0	-1.3020	4.09230	10.3860
	1964～1970 年	7	4	3	1	0.03028	5.6456	15.0044
	1971～1978 年	8	4	4	0	-0.3765	3.9677	10.3190
	1979～1988 年	10	7	3	4	0.6297	2.5927	8.3051
	1989～1994 年	6	3	3	0	-0.1628	4.8875	11.4133
	1995～2004 年	10	6	4	2	-0.2721	3.6593	10.1048
	2005～2011 年	7	4	3	1	-2.8025	11.7316	35.4610
	2011 年至今							

从表7.10可以得出以下几点信息：（1）采用CF滤波分解法，得到1954～2013年我国GDP的周期为10次，平均周期为6年。1954～2013年我国军事资本MI的周期为8次，平均周期为7.5年，MI的周期循环要晚于GDP的周期循环，平均要晚1～2年。（2）从各序列周期成分的上升持续期和回落持续期来看，1954年以来，GDP周期成分的上升持续期和回落持续期均为28个，上升持续期和回落持续期之差为0，进而在持续时间方面表现出一定的对称性；与之相反，1954年以来，我国军事资本MI周期成分的上升持续期为33个，回落持续期为25个，上升持续期和回落持续期之差为8，进而在持续时

间方面表现出一定的非对称性。（3）从各序列周期成分的标准差和波幅来看，1954 年以来，我国 GDP 周期成分的标准差和波幅随着周期的推进而递增，由1954 ~ 1960 年的 11.0975 上升到 2005 ~ 2009 年的 95.5641，年几何平均增长速度为 27.03%，GDP 周期成分 2005 ~ 2009 年的波幅（244.6593）是 1954 ~ 1960 年波幅（35.4573）的 7 倍。可见，就发展深度而言，我国 GDP 周期波动具有一定的非对称性。相反，1954 年以来，我国军事资本 MI 周期成分的标准差和波幅的变动并不大（除最后一个周期外），进而在发展深度方面表现出一定的对称性。

表 7.11 进一步分析了各序列周期波动间的关系。表 7.11 显示，采用 CF 滤波分解法得到的 GDP 和 MI 周期成分的变异系数，数值分别为 54.9416 和19.6602，说明总体而言，我国 GDP 的周期波动幅度要远高于我国军事资本的周期波动幅度。也就是说，相对于 GDP 周期波动，我国军事资本的周期波动相对较小，稳定性要高一些。关于这一点，也可从图 7.3 和图 7.4 中看出来。

表 7.11 中的时差相关系数显示，在 $k=0$ 处，军事资本的周期成分与 GDP 周期成分负相关，说明我国军事资本相对于 GDP 周期波动而言是反周期的，但由于在 $k=0$ 处，军事资本的周期成分与 GDP 周期成分的时差相关系数为 -0.1203，说明军事资本相对于 GDP 周期波动的反周期关系并不显著。这种反周期的关系在改革开放之后的一段时期比较显著，改革开放以后，我国把工作重点转移到经济建设上来，国防建设相对经济建设要滞后。通过时差相关系数显示，绝对值最大的军事资本周期成分的时差相关系数出现在 $k=-2$ 处，从而说明我国军事资本的周期循环要滞后产出周期循环 2 年。

表 7.11　　　　　　GDP 和 MI 周期成分的相关统计量

变量（t 期值）	均值	标准差	变异系数	时差相关系数 Corr (x_t, y_{t+k})				
				-2	-1	0	1	2
GDP 周期成分	0.8075	44.3639	54.9416	-0.5039	0.1127	1.0000	0.1127	-0.5039
MI 周期成分	0.4699	9.2388	19.6602	0.4333	0.2596	-0.1203	-0.1467	-0.04796

注：x_t 代表 t 期 MI 的周期波动，y_{t+k} 代表 t+k 期 GDP 的周期波动，k 是时差期数。

7.4 军事资本在经济增长中的效率分析

在经济增长过程中，资本的使用效率直接影响着经济增长速度。一般采用资本—产出比这一指标衡量资本的效率，资本—产出比可以是资本与产出间的平均关系，也可以是边际关系。平均资本—产出比是资本存量除以年产出量（$k=K/Y$），k 越低，说明资本效率越高，k 越高，说明资本效率越低。如果 k 递增，资本效率就会下降。如果 k 递减则表示资本效率上升。

然而，经济增长的根本原因在于产出具有正的增量，而产出的增量在很大程度上是由各种决定产出增长要素投入的增加引起的。如果要素投入不增加，而是停留在原水平，则产出增长将会大大减少。所以也可以用边际或增量资本产出比率（Incremental Capital Output Ratio，ICOR）指标来衡量资本效率。ICOR 表示追加的资本存量与增加的产出量之比（$ICOR = \Delta K/\Delta Y$ 或 $I/\Delta Y$）。如果 ICOR 递增，资本效率就会下降，如果 ICOR 递减则表示资本效率上升。

在这部分本书分析了我国总资本、军事资本（即军事实力）和非军事资本的效率及其增长率情况，其中非军事资本为总资本与军事资本之差。分别用 mk、nmk 和 k 表示军事资本、非军事资本和总资本的平均资本—产出比，用 $MICOR$、$NMICOR$ 和 $ICOR$ 分别表示军事资本、非军事资本和总资本的增量资本产出比率。表 7.12 反映了以上指标的具体数值。

表 7.12　　　　各变量在经济增长中的效率值

年份	k	mk	nmk	$ICOR$	$MICOR$	$NMICOR$
1952	1.1026	0.1197	0.9828			
1953	1.0927	0.1354	0.9572	0.8944	0.4510	0.4434
1954	1.1598	0.1476	1.0122	794.7626	143.9958	650.7668
1955	1.2445	0.1638	1.0807	−13.3256	−2.6213	−10.7043
1956	1.4273	0.1797	1.2476	−7.4519	−0.5927	−6.8592
1957	1.5934	0.1915	1.4019	−13.2783	−0.8627	−12.4156
1958	1.9557	0.1958	1.7599	39.4919	0.6482	38.8437

续表

年份	k	mk	nmk	ICOR	MICOR	NMICOR
1959	2.4079	0.2009	2.2071	41.9539	0.6399	41.3141
1960	2.8443	0.2042	2.6401	30.1632	0.4152	29.7480
1961	2.4239	0.1797	2.2442	-0.3398	0.0188	-0.3586
1962	2.3205	0.1836	2.1369	48.0950	-1.5031	49.5981
1963	2.3263	0.1940	2.1323	2.1034	-0.2064	2.3098
1964	2.3620	0.2024	2.1596	-10.2839	-2.7634	-7.5206
1965	2.4600	0.2138	2.2462	14.3176	1.5894	12.7283
1966	2.6632	0.2356	2.4277	-9.2382	-1.0417	-8.1965
1967	2.6813	0.2433	2.4381	5.2833	1.3516	3.9318
1968	2.6280	0.2539	2.3741	-1.4619	1.0676	-2.5295
1969	2.8457	0.2957	2.5500	-2.9141	-0.8108	-2.1033
1970	3.2256	0.3365	2.8891	-11.0026	-1.1923	-9.8103
1971	3.5465	0.3733	3.1731	55.5078	6.3321	49.1757
1972	3.8478	0.4034	3.4444	924.7942	92.3127	832.4816
1973	4.1514	0.4242	3.7272	166.4931	11.5280	154.9651
1974	4.4550	0.4378	4.0172	145.1895	6.7401	138.4494
1975	4.9308	0.4592	4.4716	-36.0256	-1.3881	-34.6375
1976	5.2355	0.4711	4.7643	-184.4458	-6.9352	-177.5106
1977	5.5288	0.4811	5.0477	33.0353	1.4168	31.6185
1978	5.9639	0.4951	5.4688	38.2272	1.5295	36.6978
1979	6.2784	0.5144	5.7640	15.0594	1.0557	14.0037
1980	6.5537	0.5156	6.0381	13.8868	0.5453	13.3415
1981	6.8367	0.5112	6.3255	19.3592	0.3201	19.0390
1982	7.5051	0.5199	6.9852	-441.5211	-5.2749	-436.2462
1983	8.1929	0.5202	7.6728	70.8504	0.5466	70.3038

年份	k	mk	nmk	ICOR	MICOR	NMICOR
1984	8.7854	0.4998	8.2855	20.8113	0.0875	20.7238
1985	9.1833	0.4566	8.7267	13.0944	0.0312	13.0632
1986	10.0516	0.4385	9.6131	29.1314	0.0424	29.0890
1987	10.8846	0.4186	10.4660	27.2632	0.0259	27.2373
1988	10.9199	0.3712	10.5486	11.2106	-0.0186	11.2292
1989	10.8588	0.3413	10.5175	10.1682	0.0030	10.1651
1990	11.0943	0.3262	10.7681	15.2734	0.0581	15.2154
1991	11.2721	0.3094	10.9628	13.9066	0.0600	13.8466
1992	11.6063	0.2894	11.3169	15.8576	0.0352	15.8224
1993	11.5963	0.2510	11.3453	11.5273	-0.0128	11.5401
1994	11.1742	0.2126	10.9616	9.0476	0.0191	9.0286
1995	11.4518	0.1934	11.2584	13.5613	0.0477	13.5136
1996	12.4153	0.1890	12.2263	28.6642	0.1146	28.5496
1997	13.9974	0.1944	13.8031	217.1847	0.8833	216.3015
1998	16.3417	0.2111	16.1306	-80.9289	-0.4823	-80.4467
1999	18.8534	0.2302	18.6232	-93.7964	-0.6274	-93.1690
2000	20.9818	0.2441	20.7377	247.0224	1.7190	245.3034
2001	23.2795	0.2650	23.0145	217.6959	2.0314	215.6645
2002	26.3349	0.2939	26.0410	-1447.4573	-13.6497	-1433.8077
2003	29.6095	0.3179	29.2916	199.0094	1.5597	197.4497
2004	32.0902	0.3257	31.7645	70.3569	0.4461	69.9108
2005	32.5743	0.3106	32.2637	35.7747	0.2108	35.5639
2006		0.3318			0.8876	
2007		0.3416			0.4712	
2008		0.3490			0.4441	

续表

年份	k	mk	nmk	ICOR	MICOR	NMICOR
2009		0.3929			−6.8388	
2010		0.4075			0.6271	
2011		0.4132			0.4863	
2012		0.4428			1.9274	
2013		0.4767			2.4682	

　　注：所有数据均采用 1952 年不变价数据，同时由于张军的总资本截止到 2005 年，所以非军事资本的数据也截止到 2005 年。

　　从这个表格中可以发现，1952～2013 年我国军事资本的平均资本—产出比在 0.3 上下浮动，而 1952～2005 年非军事资本的平均资本—产出比的平均值为8.38。我国军事资本（1952～2013 年）和非军事资本（1952～2005 年）的增量资本产出比的平均值分别为 3.94 和 20.24。由此可见，我国军事资本的平均资本—产出比和增量资本产出比远远低于非军事资本的资本—产出比和增量资本产出比。平均而言，非军事资本的资本—产出比大约是军事资本资本—产出比的26 倍，非军事资本的增量资本产出比是军事资本增量资本产出比的 5 倍。在产出相同的情况下，造成这种差距的原因主要是军事资本的投入远远低于非军事资本的投入，进而说明我国军事资本在经济增长中的效率要远远高于非军事资本的效率。

　　图 7.5 和图 7.6 反映了我国军事资本和非军事资本的平均资本产出比的演进情况。从图 7.5 中可以看出我国军事资本的平均资本—产出比呈现出先上升后下降再上升的"正弦波"趋势。1952～1983 年军事资本的平均资本—产出比呈现上升趋势，其值由 1952 年的 0.12 增加到最大值 1983 年的 0.52，年平均几何增长率为 4.7%，从而说明这段时期军事资本在经济增长中的效率下降的幅度较大。1984～1996 年军事资本的平均资本—产出比呈现出下降的趋势，其值由 1984 年的 0.5 降低到 1996 年的 0.19，年平均几何增长率为 −7.2%，说明这段时期我国军事资本在经济增长中的效率在上升。1997～2013 年军事资本的平均资本—产出比又开始递增，其值由 1997 年的 0.1944 增加到 2013 年的 0.4767，年平均几何增长率为 5.42%。与 1952～1983 年军事资本的平均资本—产出比相比，

1997～2013 年军事资本的平均资本—产出比的增长速度要高于 1952～1983 年的增长速度，并呈现出继续增长的态势，进而说明这段时间内和未来一段时期我国军事资本的效率呈现下降趋势。

从图 7.6 可以看出，除了 1960～1961 年和 1993～1994 年非军事资本的平均资本—产出比略微有所下降外，其余年份一直呈现上升的趋势，1952 年的平均资本—产出比为 0.98，2005 年增加到 32.26，是 1952 年的 33 倍，几何平均增长率也高达 6.82%，显示这段时期非军事资本在经济增长中的效率在下降。

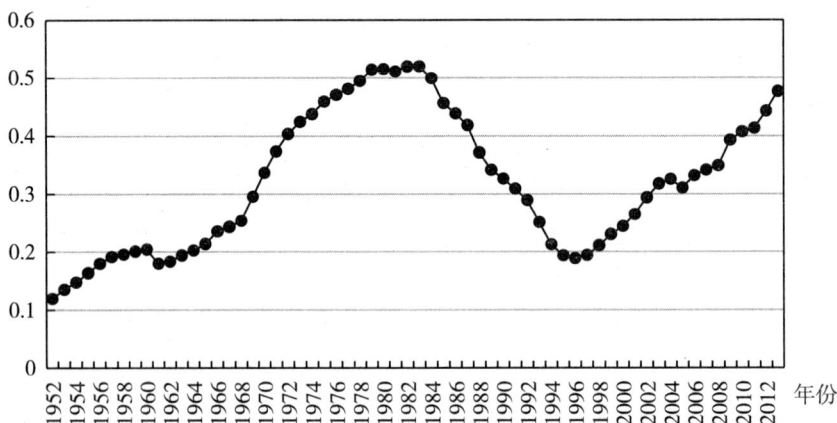

图 7.5　军事资本的平均资本产出比趋势

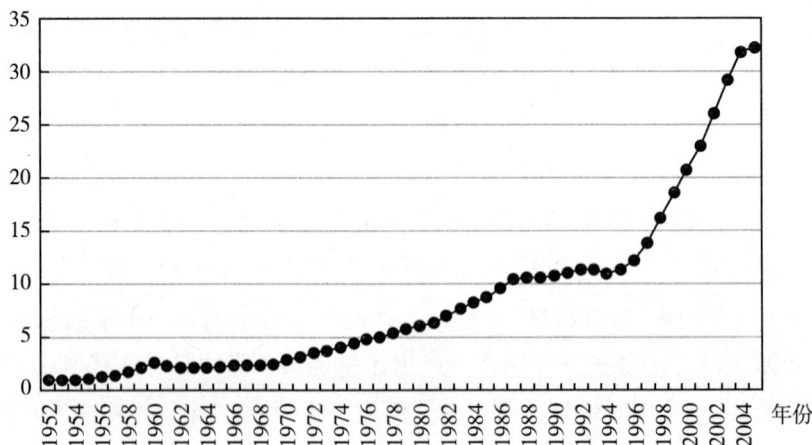

图 7.6　非军事资本的平均资本—产出比趋势

从图 7.7 nmk/mk 的走势来看，非军事资本的平均资本—产出比不仅远远大于军事资本的平均资本—产出比，而且这种差距随着时间的推移会进一步加大，在 1952～1977 年之前差距比较小，这段期间 nmk/mk 的值在 10 上下波动。但从 1978 年开始，nmk/mk 的值呈现加速上升的趋势，其值由 1978 年的 11.05 上升到 2005 年的 103.88，这反映出虽然我国军事资本远远低于非军事资本存量，但军事资本的效率却高于非军事资本的效率。

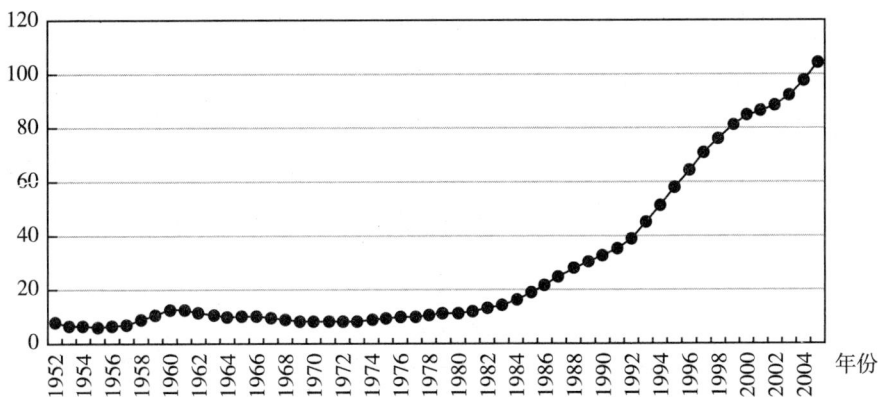

图 7.7　nmk/mk 的趋势

图 7.8 和图 7.9 反映了我国军事资本和非军事资本的增量资本产出比率变化情况。① 与图 7.5 和图 7.6 相比，图 7.8 和图 7.9 显示，我国军事资本和非军事资本的增量资本产出比率波动幅度比较大。以军事资本为例，比较图 7.5 和图 7.8 可以直观地看出，军事资本的增量资本产出比要大于军事资本的平均资本—产出比，前者的平均值是后者平均值的 12.3 倍，而且军事资本的增量资本产出比的变动大于军事资本的平均资本—产出比的变动。在整个样本期间，军事资本的增量资本产出比和平均资本—产出比的标准差分别为 3.18 和 0.12，极差分别为 25.12 和 0.4。可见，采用平均资本—产出比反映我国军事资本的效率要比采用增量资本产出比反映我国军事资本的效率会更加稳定。

图 7.10 显示军事资本和非军事资本的增量资本产出比的符号基本一致。总

---

① 为了效果更加直观，图中舍去了数值较大的增量资本产出比率。MICOR 舍弃了 1954 年和 1972 年的数据。

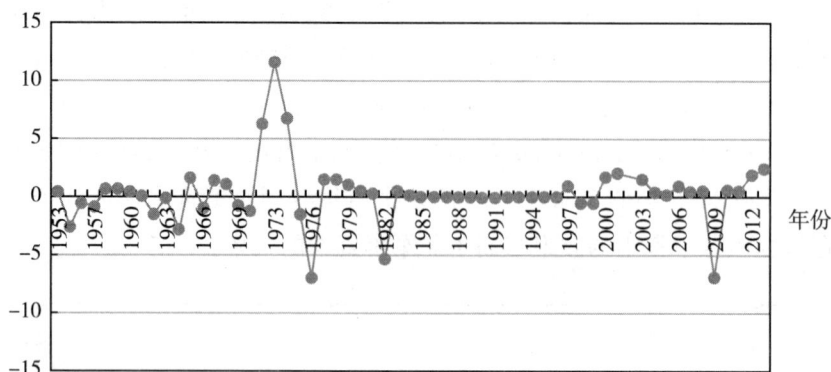

图 7.8   MICOR 趋势

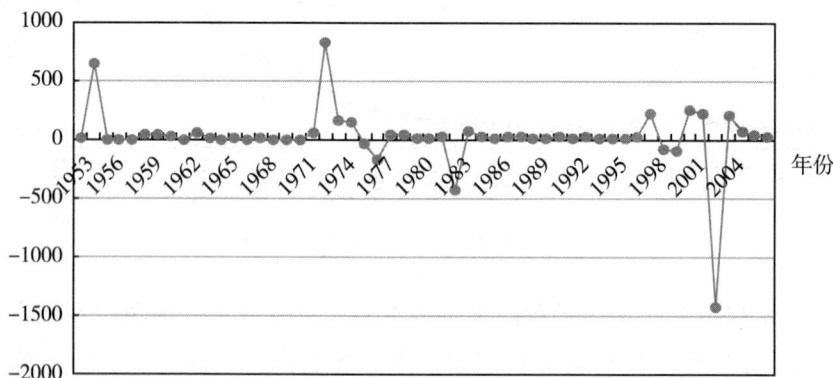

图 7.9   NMICOR 趋势

体而言，非军事资本的增量资本产出比要高于军事资本的增量资本产出比，平均而言，非军事资本的增量资本产出比是军事资本增量资本产出比的 5 倍多。但 NMICOR/MICOR 具有波动性，而 nmk/mk 却一直呈现上升趋势。1978 年之前 NMICOR/MICOR 的值比较稳定，但 1979～1989 年 NMICOR/MICOR 开始急剧上升（如果不考虑 1988 年的数值），由 1979 年的 13.3 上升到 1989 年的 3339.34，从 1994 年开始，NMICOR/MICOR 呈现下降趋势，由 1994 年的 473.7 降为 2002 年的 105.04，随后又有略微上升，到 2005 年达 168.72。

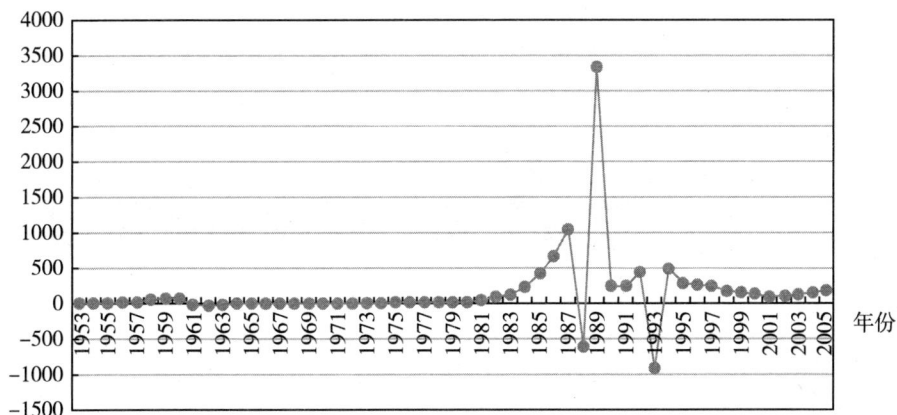

图 7.10　NMICOR/MICOR1 趋势

第 **8** 章 结论和政策建议

8.1 结　　论

本书在对军事资本形成机制进行分析的基础上，通过对测度资本存量的永续盘存法的详细论述，推导出采用永续盘存法测度军事资本的公式，进而得到我国1952～2013年军事实力的数据；同时采用永续盘存法测度了美国、日本、印度、俄罗斯等世界主要国家和中国台湾的军事实力，依据测度出的军事实力数据对各国家（地区）军事实力进行了比较分析，并建立了理查森军备竞赛模型、协整模型和格兰杰因果检验模型，分析了中国、美国、日本、印度、俄罗斯、中国台湾之间的军备竞赛问题；最后分析了我国军事资本与经济增长的协整关系和格兰杰因果关系，通过建立哈罗德—多马模型，研究了军事资本对经济增长的贡献，基于序列分解的角度研究了我国军事资本与经济增长的周期波动，并从平均资本—产出比和增量资本产出比的角度，测算了军事资本在经济增长中的效率。得出以下几点结论：

第一，通过我国官方数据测度出的1952～2013年的我国军事资本（军事实力）总体上呈现上升趋势，军事实力由1952年的81.3亿元，上升到2013年的2205.19亿元，平均几何增长速度为5.47%。我国军事实力（军事资本）占总资本的比重呈现先上升后下降的趋势，其中1960～1972年为上升阶段，由7.18%上升到10.48%，上升了3.3个百分点。1973年以后军事实力（军事资本）占总资本的比重一直在下降，军事实力的增长速度要落后于总资本的增长速度。通过对世界主要国家以及中国台湾地区军事实力的测度发现，我国军事实力远远落后于美国、日本以及俄罗斯等国家，而日本的军事实力仅次于美国和俄罗斯，位居第三。查尔斯·沃尔夫等人由于没有严格按照永续盘存法测算我国军事资本，他们则认为中国军事实力要高于日本，本书的结果显示中国军事实力只相当于日本军事实力的 56.82%。美国军事实力占有绝对优势，是中、日、印、俄和中国台湾军事实力之和的 1.8 倍。研究同时发现，我国士均军事资本最少，只相当于美国的 2.5%，日本的 4.5%，印度的 27% 和中国台湾的 40%。美国的士均军事资本最多，日本次之，然后是俄罗斯和印度，中国台湾位居第五。因而，无论从总量军事实力还是士均军事资本上看，我国军事实力都要低于美国、俄罗斯和日本，中国目前的军事实力仅仅是为了自身经济发展的需要，"中国军事威胁论"并不成立。

第二，就军事资本的增长速度而言，我国军事资本的增长速度要强于日本低于印度，介于二者之间，中、日、印三国军事资本的平均增长速度依次为：5.44%、2.88% 和 9.12%。按照这样的增长速度，到 2005 年以后中国军事实力已经超过日本，而在 2005 年之前中国军事实力一直低于日本而高于印度。虽然我国军事实力高于印度军事实力，是印度军事实力的 1.65 倍，但由于印度军事资本增长速度比我国高出 3.7 个百分点，可以预测印度的军事实力在未来几年会超过我国和日本而成为军事大国。

第三，中国和美国、日本、印度、俄罗斯以及中国台湾之间并不存在军备竞赛，"中国军事威胁论"的观点不成立。冷战结束之后，除了俄罗斯和日本可能存在军备竞赛外，其他国家（地区）之间没有在军事实力方面相互攀比，竞相增加军事投资，并不存在军备竞赛。20 世纪 80 年代以来，中、美、日、印和中国台湾之间虽然不存在军备竞赛，但日本和俄罗斯都会根据我国军事实力的情况来改变本国的军事实力，当中国军事实力增加时，日本和俄罗斯的军事实力也会随之增加。而中国却没有因为日本和俄罗斯军事实力的增加而增加军事实力。冷战结束后，美国成为唯一的军事大国，对其他国家（地区）具有绝对的军事优势，所以美国并没有根据其他国家（地区）军事实力的情况来调整本国军事实力。日本除了会随着中国军事实力的变化而改变军事实力之外，也会根据俄罗斯军事实力的情况来改变本国的军事实力。20 世纪 80 年代以来，印度军事发展迅速，为了和美国等国家争夺在亚洲的军事地位，其军事实力也会随着美国军事实力的调整做出相应变化。中国台湾的军事实力也会根据中国大陆军事实力的变化而发生相应变化，但这种变化是反向变化，从而说明中国大陆和中国台湾之间虽然不存在军备竞赛，中国台湾却从中国大陆军事实力中获得利益。中国大陆军事实力不仅为大陆同时也为中国台湾提供了发展经济的安全环境，中国台湾存在"搭便车"现象。

第四，通过军事资本和经济实力之间的协整分析和格兰杰因果检验研究了我国军事资本与经济增长的关系，研究发现，我国军事资本和经济增长之间存在长期均衡关系和双向因果关系，军事资本和经济实力互为原因。通过哈罗德—多马增长理论研究我国军事资本对经济增长的贡献发现，1953～2013年，军事资本对我国经济增长的贡献基本为正数，也就是说军事资本对我国经济增长具有促进作用，军事资本对经济增长贡献率平均而言达到了6.9%。军事资本对经济增长的贡献率在1984年之前数值较大，但是波动较大。1953～1983年，军事资本对经济增长贡献率的最大值出现在1976年，为182%，最低值为1962年的 -26%。1984年之后军事资本对经济增长的贡献率数值比较稳定，但是数值较小，这段时期军事资本对经济增长贡献率的平均值仅为1.5%。而非军事资本对经济增长的贡献率在改革开放之后比较稳定且数值较大，成为经济增长的主要原因。

第五，采用CF滤波分解法，得到1954～2013年我国GDP的周期为10次，平均周期为6年，我国军事资本的周期为8次，平均周期为7.5年，军事资本的周期循环要滞后GDP的周期循环1～2年；GDP分别在1989年、1995年、2001年、2005年、2008年和2011年出现了六次较大的谷峰，而在1993年、1998年、2004年和2009年出现四次较大的谷底。军事资本在1966年和2007年出现两次较大的谷峰，在2011年出现一次较大的谷底；从序列周期成分的上升持续期和回落持续期来看，1954年以来，GDP在持续时间方面表现出一定的对称性；与之相反，1954年以来，我国军事资本周期成分在持续时间方面表现出一定的非对称性；从序列周期成分的标准差和波幅来看，1954年以来，我国GDP周期成分的标准差和波幅随着周期的推进而递增，就发展深度而言，我国GDP周期波动具有一定的非对称性。相反，1954年以来，我国军事资本周期成分的标准差和波幅的变动并不大，进而在发展深度方面表现出一定的对称性；军事资本与经济实力之间的时差相关系数显示说明我国军事资本相对于GDP周期波动而言是反周期的，但军事资本相对于GDP周期波动的反周期关系并不显著。这种反周期的关系在改革开放之后的一段时期比较显著。时差相关系数还显示我国军事资本的周期循环要滞后经济实力的周期循环2年。

第六，在效率方面，采用平均资本—产出比反映我国军事资本的效率要比采用增量资本产出比反映我国军事资本的效率会更加稳定。1952～2013 年我国军事资本的平均资本—产出比在 0.3 上下浮动，而 1952～2005 年非军事资本的平均资本—产出比的平均值为 8.38，我国军事资本在经济增长中的效率要远远高于非军事资本的效率。研究进一步发现，我国军事资本的平均资本—产出比呈现出先上升后下降再上升的"正弦波"趋势。1952～1983 年这段时期军事资本在经济增长中的效率下降的幅度较大；1984～1996 年我国军事资本在经济增长中的效率在上升；1997～2013 年军事资本的平均资本—产出比又开始递增。与 1952～1983 年军事资本的平均资本—产出比相比，1997～2013 年军事资本的平均资本—产出比的增长速度要高于 1952～1983 年的增长速度，并呈现出继续增长的态势，进而说明这段时间内和未来一段时期我国军事资本的效率呈现下降趋势。

8.2　政　策　建　议

根据以上结论，结合中国的实际情况，在今后发展经济的过程中，需要做好以下几点：

第一，本书的研究表明适度的军事资本有助于经济实力的增加，为了维护国家的主权独立和领土完整，科学合理地进行军事投资，在充分考虑我国经济承受力的情况下，继续逐步增强我国的军事实力。我国是一个拥有 13 亿人口的大国，能否实现和平发展，能否保持持续发展的形势，关键在于是否有一个和平、安全、稳定的发展环境。没有强大的军事实力，经济建设的安全环境就无法保障。我国也需要根据经济发展状况和当前的国际形势，适当发展我国的国防建设，逐渐增强军事实力，为经济建设提供一个良好的环境。我们必须清楚地认识到，我国的军事实力以及士均军事资本要远远落后于美国，同时印度又在积极发展其国防，与中国和日本的军事实力的差距在逐渐缩小。我国在发展经济的同时，需要适当增加军事投资，努力建设与中国地位相称、与中国发展利益相适应的军事力量，为经济建设提供强有力的军事实力，逐渐缩小与美国等国军事实力的相对差距，依靠强大的军事实力保证我国良好的经济发展环境和国家主权不受侵犯，形成国防战略优势，为我国经济建设营造长期稳定、安全可靠的国际和平环境。通过第三章的研究，要增强军事实力，需要健全我国的金融渠道，确保军事资本形成的储蓄主体与投资主体的一致性，还需进一步促进军事资本形成的储蓄主体多元化和优化军事投资主体结构以扩大军事资本形成的规模。

第二，提高军事资本在总资本中所占的比重。本书研究表明，军事资本在经济发展过程中，其效率要高于非军事资本的效率，但从发展趋势来看，我国军事资本占总资本的比重基本呈现下降趋势，尤其是进入 21 世纪以后，下降幅度进一步加大。在今后发展经济的过程中，应当注重军事资本在总资本中的比重，逐步提高军事资本在总资本的比重，充分发挥军事资本在经济建设中的作用。

第三，要充分认清我国经济增长和军事资本的周期波动状况，做到经济实力和军事资本的协调发展。本书研究发现军事资本相对于 GDP 周期波动而言是反周期的，且军事资本要滞后经济实力 2 年。为此，我们应该充分认清军事资本的这种周期波动规律，适当采取措施，在今后的发展中，适当侧重军事方面的投资，尽快使军事资本和经济实力的周期波动成正周期关系，并使军事资本尽快赶上经济的发展，进而做到军事实力与经济实力同步发展。

第四，在提升总体军事资本的同时，还要提高我国军事资本的使用效率，将军事投资用于最需要的地方，充分发挥军事投资的效能。同时必须加强对军事资产的管理，根据中国所处的环境和当前的国际形势，制定合理的军事投入预算制度，优化军事投入结构，在当今国际政治军事形势愈来愈严峻的情况下，为有效抵御来自周边特别是来自海上和空中的威胁，我国应建立强大的海军和空军，加强海军和空军中的军事实力。同时需要提高整个军事投资的效率，使军事资产最大限度地发挥作用。

第五，必须高度重视我国周边地区国家，尤其是日本和印度军事实力的发展状况。查尔斯·沃尔夫等人的研究大大低估了日本和印度的军事实力。而本书的研究发现日本的军事实力在 2005 年之前在亚洲占据绝对统治地位，2005 年之后虽然我国和印度等国的军事实力会超越日本，但本书的军备竞赛研究表明，日本和俄罗斯都会根据我国军事实力的情况来改变本国的军事实力，当中国军事实力增加时，日本和俄罗斯的军事实力也会随之增加。虽然中国的军事实力要强于印度，但印度军事实力的增长速度远远高于中国。在以后发展过程中，我国必须对日本和印度的军事实力高度重视，在不和他们进行军备竞赛的基础之上，保持较高的军事实力，以便对其产生较强的威胁力量，为发展经济提供安全环境。

走和平发展道路，是中国坚定不移的国家意志和战略抉择。中国始终不渝奉行独立自主的和平外交政策和防御性国防政策，反对各种形式的霸权主义和强权政治，不干涉别国内政，永远不争霸，永远不称霸，永远不搞军事扩张。建设与中国国际地位相称、与国家安全和发展利益相适应的巩固国防和强大军队，是中国现代化建设的战略任务，也是中国实现和平发展的坚强保障。

站在新的历史起点上，中国武装力量的使命崇高而神圣，责任重大而光荣。中国武装力量将始终把维护国家主权和安全、保护人民利益放在高于一切的位置，始终把维护世界和平和促进共同发展作为重要任务，加快推进国防和军队现代化，积极参与国际安全合作，与各国武装力量一道努力营造和平稳定、平等互信、合作共赢的国际安全环境。①

---

① 参见《中国武装力量的多样化运用》白皮书（2013）。

参考文献

[1]Biswas B. ,Ram R. Military Expenditures and Economic Growth in Less Developed Countries: Anaugmented Model and Evidence[J]. Economic Development and Cultured Change,1986,34(2).

[2]C. J. Bliss. Capital and the Distribution of Income[M]. Amsterdam and Oxford,North-Holl and Publishing Company,1975.

[3]Charles Wolf Jr. Asian Economic Trends and Their Security Implications[M]. Santa Monica, Calif. :RAND,2000.

[4]Chen,C. H. Causality between Defence Spending and Economic Growth:the Cause of Mainland of China[J]. Journal of Economics Studies,1993.

[5]Chow,Gregory C. and Anloh Lin. Accounting for Economic Growth in Taiwan and Mainland China:A Comparative Analysis[J]. Journal of Comparative Economics,2002.

[6]Chow,Gregory C. Capital Formation and Economic Growth in China[J],Quarterly Journal of Economics,1993(3).

[7]Christos Kollias,Charis Naxakis and Leonidas Zarangas. Defence Spending and Growth in Cyprus:a Sausal Analysis[J]. Defence and Peace Economics,2004,15(3).

[8]David Parkera and Keith Hartley. Transaction Costs,Relational Contracting and Public Private Partnerships:a Case Study of UK Defence[J]. Journal of Purchasing & Supply Management,2002(12).

[9]Deger,S. ,R. Smith. Military Expenditure and Growth in Less Developed Countries[J]. Journal of Conflict Resolution,1983.

[10]Denison,Edward F. Some Major Issues in Productivity Analysis:An Examination of Estimates by Jorgenson and Griliches [J]. Survey of Current Business,1969(5).

[11]Denison,Edward F. Trends in American Economic Growth,1929 – 1982[M]. Washington D. C. :Brookings Institution,1985.

[12]Denison,Edward F. Why Growth Rates Differ[M]. Washington D C:Brookings,1967.

[13]Erdal Karagol and Serap Palaz. Does Defence Expenditure Deter Economic Growth in Turkey?

A Cointegration Analysis[J]. Defence and Peace Economics,2004,15(3).

[14]Faini,R. ,P. Annez and L. Taylor. Defense Spending, Economic Structure, and Growth: Evidence among Countries and Over Time[J]. Economic Development and Cultural Change,1984(32).

[15]Grossman and Hart. An Analysis of the Principal-Agent Problem [J]. Econometrica, 1983 (51).

[16]H. Sonmez Atesoglu. Defense Spending Promotes Aggregate Output in the United States—Evidence from Cointegration Analysis[J]. Defence and Peace Economics,2002,13(1).

[17]Hannah Galvin. The Impact of Defence Spending on the Economic Growth of Developing Countries: a Cross-Section Study[J]. Defence and Peace Economics,2003,14(1).

[18]Jhy-yuan Shieh, Ching-chong Lai, and Wen-ya chang. Endogenous Growth and Defense Expenditures: a new Explanation of the Benoit Hypothesis[J]. Defence and Peace Economics, 2002, 13 (3).

[19]Joerding,W. Economic Growth and Defence Spending: Granger Causality[J]. Journal of Development Economics,1986(21).

[20]Jorgenson,D. W. ,F. M. Gollop and B. M. Fraumeni . Productivity and U. S . Economic Growth[M]. Cambridge,MA: Harvard University Press,1987.

[21]Jorgenson,D. W. and R. Laudau,Tax Reform and the Cost of Capital[M]. Washington,DC: Brookings Institution,1993.

[22]Jorgenson,D. W. ed. ,Investment Volume 2: Tax Policy and the Cost of Capital [M]. Cambridge,MA: The MIT Press,1996.

[23]Jorgenson,D. W. Productivity Volume 1: Postwar US Economic Growth[M]. The MIT Press, 1995.

[24]Jorgenson,Dale W. Productivity and Economic Growth,in Ernst R. Berndt and Jack E. Triplett,eds. ,Fifty Years of Economic Measurement[M]. Chicago: University of Chicago Press,1990.

[25]Jorgenson,Dale W. and Barbra M. Fraumeni. Relative Prices and Technical Change,in Ernst R. Berndt and Barry C. Field eds. ,Modeling and Measuring Natural Resource Substitution[M]. Cambridge,Mass: MIT Press,1981.

[26]Jorgenson,Dale W. and Kevin J. Stiroh. Information Technology and Growth[J]. American Economic Review,1999,89 (2).

[27] Jorgenson,Dale W. and Zvi Griliches. The Explanation of Productivity Change[J]. Review of Economic Studies,1967(34).

[28]Jorgenson,Dale W. Capital Theory and Investment Behavior[J]. American Economic Review, 1963(53).

[29]Jorgenson,Dale W. Information Technology and the U. S. Economy[J]. American Economic

Review,2001(91).

[30]Jorgenson,Dale W. Anticipations and Investment Behavior,in James S. Duesenberry,Gary Fromm,Lawrence R. Klein and Edwin Kuheds. ,The Brookings Quarterly Econometric Model of the United States[M]. Chicago:Rand Mcnally,1965.

[31]Jorgenson and Griliches [J]. Survey of Current Business,1969(5).

[32]Jorgenson,D. W. ,F. M. Gollop and B. M. Fraumeni. Productivity and U. S. Economic Growth [M]. Cambridge,MA:Harvard University Press,1987.

[33]Jorgenson,D. W. and R. Laudau,Tax Reform and the Cost of Capital[M]. Washington,DC: Brookings Institution,1993.

[34]Jorgenson,D. W. Capital as a Factor of Production,in the Jorgenson Dale W. and Raulph Laudaued. Technology and Capital Formation[M]. The MIT Press,1989.

[35]Joseph,E. Stiglitz. The Cambridge Controversy in the Theory of Capital:A View from New Haven:A Review Article[J]. Journal of Political Economy,1974,82 (4).

[36]Li Mingfang,Simerly,Roy L. The Moderating Effect of Environmental Dynamism on the Ownership and Performance Relationship[J]. Strategic Management Journal,1998(19).

[37]Madden,G. and Haslehurst,P. Causal Analysis of Australian Economic Growth and Military Expenditure:a Note[J]. Defence and Peace Economics,1995(6).

[38]Maish A. M. M. ,Rumi M. ,Mohammad S. H. New Evidence from an Alternative Methodological Approach to the Defense Spending-Economic Growth Causality Issue in the Case of Mainland China [J]. Economic Studies,1997(28).

[39]McConne and Servaes. H. Additional Evidence on Equity Ownership and Corporate Value[J]. Journal of Financial Economics,1990(27).

[40]Measurement of Capital Stocks,Consumption of Fixed Capital,and Capital Services:Report on a Presentation to the Central American Ad Hoc Group on National Accounts[R]. Santo Domingo,Dominican Republic,2005.

[41]Michael P. Gerace. Military Expenditures and Economic Growth:Some Evidence from Spectral Methods [J]. Defence and Peace Economics,2002,13(1).

[42]OECD . Methods Used by OECD Countries to Measure Stocks of Fixed Capital[M]. Paris: OECD publication,1993.

[43] Reinsdorf and Cover. Measurement of Capital Stocks,Consumption of Fixed Capital,and Capital Services:Report on a Presentation to the Central American Ad Hoc Group on National Accounts[R]. 2005.

[44]Smith,R. Military Expenditure and Investment in OECD Countries,1954 – 1973[J]. Journal of Comparative Economics,1980(4).

［45］Trevino and Higgs. Profits of US Defence Contractors［J］. American Economic Review,1992 (61).

［46］Ward,M. D. ,and D. R. Davis,M. Penubarti,S. Rajmaira and M. Cochran. Military Spendingin India Country Survey1［J］. Defence Economics,1991(3).

［47］Wolf,Charles,Gregory Hildebrandt,Michael Kennedy,Donald P. Henry,Katsuaki Terasawa, K. C. Yeh, Benjamin Zycher, Anil Bamezai and Toshiya Hayashi. Long-Term Economic and Military Trends,1950 – 2010［M］. Santa Monica,Calif. :RAND,1989.

［48］Yousif Khalifa. Defense Spending and Economic Growth:some Empirical Evidence from the Arab gulf Region［J］. Defence and Peace Economics,2002,13(3).

［49］陈波. 国防支出与经济增长的长期均衡与因果关系［J］. 中国国防经济，2006 (1).

［50］陈波. 国防经济学［M］.北京：经济科学出版社，2010.

［51］陈波. 国防经济学前沿专题［M］.北京：经济科学出版社，2010.

［52］陈波等著. 国防经济思想史［M］. 北京：经济科学出版社，2014.

［53］陈舟，释清仁. 科学构建中国特色现代军事力量体系［N］.解放军报，2012 – 11 – 29（10）.

［54］陈友谊. 美国国防工业"军转民"研究［J］，国际技术经济研究，2000（4）.

［55］董保同，孟燕. 我国国防科技工业存在的突出问题和今后的发展道路［J］.中国国防经济，2002（1）.

［56］杜人淮. 国防工业运行效率的理论阐释［J］.军事经济研究，2006（2）.

［57］杜人淮. 市场经济条件下军工企业资本结构及其优化配置［J］.南京政治学院学报，1998（1）.

［58］多马. 经济增长理论［M］.北京：商务印书馆，1983.

［59］恩格斯，列宁，斯大林. 马克思恩格斯选集（第3卷）［M］.北京：人民出版社，1995.

［60］方竹兰. 从人力资本到社会资本［J］.学术月刊，2003（2）.

［61］高铁梅. 计量经济分析方法与建模：EViews 应用及实例［M］.北京：清华大学出版社，2006.

［62］古先光，李国才. 国防科技工业企业建立竞争机制研究［J］.军事研究，2003 (6).

［63］郝枫. 我国资本存量问题探讨［D］.天津：天津财经大学，2004.

［64］郝万禄. 对军工企业建立现代企业制度的若干思考［J］.中国工业经济，1995 (1).

［65］何枫，陈荣，何林. 我国资本存量的估算及其相关分析［J］.经济学家，2003

（5）.

［66］贺菊煌．我国资产的估算［J］.数量经济与技术经济研究，1992（8）.

［67］胡鞍钢，刘涛雄．国防建设大大滞后于经济建设：从国防资本存量占全国总量比重看国防能力变化（1952－2001）［J］.中国国防经济，2003（2）.

［68］胡鞍钢，刘涛雄．中国国防支出对经济增长的影响：一个两部门外部性模型［J］.中国国防经济，2005（1）.

［69］胡鞍钢，刘涛雄．中美日印国防实力比较［J］.战略与管理，2003（6）.

［70］郝万禄．对军工企业建立现代企业制度的若干思考．中国工业经济，1995（1）.

［71］黄新．论新军事革命与战略对策［M］.北京：蓝天出版社，2002.

［72］黄勇峰，任若恩，刘晓生．中国制造业资本存量永续盘存法估计［J］.经济学季刊，2002（2）.

［73］基斯·哈特利，托德·桑德勒著，姜鲁鸣等译．国防经济学手册［M］.北京：经济科学出版社，2001.

［74］计志英．中国资本存量的永续盘存法［J］.江苏统计，2003（8）.

［75］姜鲁鸣．中国国防经济学：2005［M］.北京：中国财政经济出版社，2006.

［76］姜鲁鸣．中国近现代国防经济史［M］.北京：中国财政经济出版社，2012.

［77］凯恩斯．货币论（上卷）［M］.北京：商务印书馆，1986.

［78］库桂生，全林远．军费论［M］.北京：国防大学出版社，1997.

［79］库桂生．国防经济效益浅谈［M］.北京：国防大学出版社，1988.

［80］李海涛．谁收获超额战略红利——谈谈构建中国特色现代军事力量体系［N］.光明日报，2012－12－17（7）.

［81］李宏，颜日初．军事经济周期的统计分析［J］.统计与信息论坛，2006（3）.

［82］李京文，［美］D.乔根森，郑友敬，［日］黑田昌裕.生产率与中美日经济增长［M］.北京：中国社会科学出版社，1993.

［83］李京文，钟学义．中国生产率分析前沿［M］.北京：社会科学文献出版社，1998.

［84］李双杰，陈渤．Feder-Ram模型及对中国国防支出与经济增长相关性的实证分析和应用［J］.数量经济技术经济研究，2002（8）.

［85］李振铎，井春尧．人力资本理论的形成与发展［J］.税务与经济，2004（6）.

［86］李治国，唐国兴．资本形成路径与资本存量调整模型——基于中国转型时期的分析［J］.经济研究，2003（2）.

［87］连平，吴金友．中国经济周期波动研究（1978～2009年）［J］.世界经济研究，2011.

［88］连玮佳，李健．中国国防支出对经济增长影响评估——三部门模型的推导与分析［J］.军事经济研究，2008（5）.

［89］林晖．经济增长与国防费关系研究综述［J］.经济学动态，2005（11）.

［90］刘凤义，孔妮．从军事凯恩斯主义到全球新自由主义的军国主义［J］.国外理论动态，2008（9）.

［91］刘金全，王大勇．我国经济周期波动态势与经济增长趋势分析［J］.数量经济技术经济研究，2003（6）.

［92］刘金全，王雄威．我国经济周期波动态势的区域划分与动态特征检验［J］.经济与管理研究，2011（6）.

［93］刘树成．论中国经济周期波动的新阶段［J］.经济研究，1996（11）.

［94］刘涛雄，胡鞍钢．国防开支对中国经济增长影响评估的两部门外部性模型［J］.清华大学学报（自然科学版），2005（12）.

［95］刘小玄．中国转轨经济中的产权结构和市场结构—产业绩效水平的决定因素［J］.经济研究，2003（1）.

［96］刘亚洲．贯彻落实党的十八大战略部署，推动中国特色军事变革深入发展［J］.求是，2013（13）：50－51.

［97］刘业础，欧阳国华．军事消费经济简论［J］.经济学动态，1996（9）.

［98］吕光明，齐鹰飞．中国经济周期波动的典型化事实：一个基于 CF 滤波的研究［J］.财经问题研究，2006（7）.

［99］卢周来．中国国防经济［M］.北京：经济科学出版社，2004.

［100］卢周来．剑与犁——当代国防经济的理论与实践［M］.北京：石油工业出版社，2003.

［101］鹿庚．国防支出与经济增长相关性的回归分析［J］.军事经济学院学报，2006（10）.

［102］罗杰·弗朗茨．X 效率：理论、论据和应用［M］.上海：上海译文出版社，1993.

［103］罗敏．中国国防经济学：2006［M］.北京：中国财政经济出版社，2007.

［104］马尔萨斯．政治经济学原理［M］.北京：商务印书馆，1962.

［105］马广奇．资本市场博弈论［M］.上海：上海财经大学出版社，2006.

［106］马建荣，王国定．资本形成的机制和过程［J］.山西财经大学学报，2000（12）.

［107］马歇尔．经济学原理［M］.北京：商务印书馆，1964.

［108］宁晓青，陈柏福．中国经济周期波动与产业结构变动关系的实证分析［J］.中央财经大学学报，2008（1）.

［109］潘爽亮，刘志峰，詹银珍．国防费与经济增长关系的实证分析［J］.经济纵横，2005（9）.

［110］饶建伟，胡伟文．基层部队人力资源优化配置的动态规划模型研究［J］.运筹与管理，2009（5）.

［111］任若恩，刘晓生．关于中国资本存量估计的一些问题［J］．数量经济技术经济研究，1997（1）．

［112］宋勃，陈海博．西方资本形成理论述评［J］．现代管理科学，2006（12）．

［113］唐晓彬，向蓉美．中国宏观经济周期波动的协动性与非对称性研究［J］．统计与决策，2012（6）．

［114］田大山，李小宁．国防军工企业改革问题探讨［J］．中国软科学，2001（6）．

［115］汪向东．资本投入度量方法及其在中国的应用［J］．数量经济技术经济研究，1996（12）．

［116］王凤云．从X效率理论看民航企业文化构建之意义［J］．中国民航学院学报，1999（4）．

［117］王玲．中国工业行业资本存量的测度［J］．世界经济统计研究，2004（1）．

［118］王小鲁，樊纲．我国工业增长的可持续性［M］．北京：经济科学出版社，2000．

［119］王益，孙波，李万寿．资本形成机制与金融创新［M］．北京：经济科学出版社，2003．

［120］王益煊，吴优．中国国有经济固定资本存量初步测算［J］．统计研究，2003（5）．

［121］维克塞尔．国民经济学讲义［M］．上海：上海译文出版社，1983．

［122］吴方卫．我国农业资本存量的估计［J］．农业技术经济，1999（6）．

［123］吴鸣．国防经济运行与管理［M］．长沙：国防科技大学出版社，2007．

［124］吴强．经济发展中的资本积累［M］．北京：中国金融出版社，1993．

［125］谢千里，罗斯基，谢玉歆．改革以来中国工业生产率变动趋势的估计及其可靠性分析［J］．经济研究，1995（12）．

［126］徐传谌，齐树天．中国商业银行X－效率实证研究［J］．经济研究，2007（3）．

［127］叶蓁，刘志迎．中国高技术产业技术效率影响因素分析——基于随机前沿生产函数分析［J］．科技与经济，2006（5）．

［128］余修斌，程连，任若恩．前沿生产函数与企业技术非效率的测算——西安飞机制造公司的实例测算［J］．统计研究，2000（5）．

［129］张帆．中国的物质资本和人力资本估算［J］．经济研究，2000（8）．

［130］张军，施少华．中国经济全要素生产率变动：1952～1998［J］．世界经济文汇，2003（2）．

［131］张军，章元．对中国资本存量K的再估计［J］．经济研究，2003（7）．

［132］张军．改革以来中国的资本形成与经济增长：一些发现及其解释［J］．世界经济文汇，2002．

［133］张军．资本形成、工业化与经济增长：我国的转轨特征［J］．经济研究，2002（6）．

［134］张军扩.“七五”期间经济效益的综合分析——各要素对经济增长贡献率的测算 ［J］.经济研究，1991（4）.

［135］张晓，郑玉歆，裴兰思.生产率研究中的资本投入的替代度量［J］.数量经济技术 经济研究，1995（3）.

［136］张屹山，王广亮.资本的泛化与权力博弈［J］.中国工业经济，2004（7）.

［137］郑立文，李丽.现代企业制度与军工企业改革［J］.技术经济，1999（10）.

［138］邹至庄.2010年我国经济增长前景［M］.北京：中国财政经济出版社，2001.

后　记

　　小时候很羡慕军人，渴望自己也能成为一名军人。但最终还是在地方上了大学。在本科阶段主要学习经济学的基本原理，但自己还是时常关注军事，关注我国的军事实力情况，尤其是之前中国驻南斯拉夫大使馆被炸，使我不断思考，中国何时能有自己的航空母舰？中国当时的决策是否正确？发展经济能够忽视军事实力的发展吗？军事实力与经济实力之间到底是种怎样的关系呢？但当时苦于知识有限，只能和老师、同学探讨一二。

　　在硕士期间有幸能在中国农业大学从事数量经济学的研究，掌握了计量分析的基本方法。硕士毕业之后，选择了自己想学的中央财经大学的国防经济专业继续攻读博士学位。自始至终，自己都想把军事和经济结合在一起来研究。博士阶段我学习了军事的基本理论，硕士阶段掌握了研究经济学非常重要的计量方法，而本科的学习为我打牢了坚实的经济学理论基础。至此，我还是欠缺一样东西，那就是自己还不了解中国军事的实际情况，毕竟"纸上得来终觉浅"。为了能更加深入地了解中国的军事，博士毕业之后选择了入伍。新兵阶段的苦训、入职之前的培训以及工作期间的部队代职，使我更加意识到当代中国军事存在的问题，认识到中国军事实力的真实情况。有了军事理论和实践，加上经济学理论和方法，入伍之后的第三年我就着手研究军事和经济的有关问题，并发表了一些论文。在2011年，我申报的国家社科基金《军事实力的测度、国际比较与经济增长研究》获得立项，这也是对我不断关注军事和经济的一定肯定。希望这项研究能够对我国的国防建设和经济建设起到一定的借鉴意义，在今后我还会继续研究军事和经济方面的相关问题。

闫仲勇

2016 年 3 月

图书在版编目（CIP）数据

军事资本：模型、方法与测度／闫仲勇，陈波著．
—北京：经济科学出版社，2016.6
ISBN 978 - 7 - 5141 - 6956 - 0

Ⅰ.①军…　Ⅱ.①闫…　②陈…　Ⅲ.①军事实力 -
研究　Ⅳ.①E15

中国版本图书馆 CIP 数据核字（2016）第 114535 号

责任编辑：侯晓霞
责任校对：徐领柱　杨　海
责任印制：李　鹏

军事资本
——模型、方法与测度
闫仲勇　陈　波　著

经济科学出版社出版、发行　新华书店经销
社址：北京市海淀区阜成路甲 28 号　邮编：100142
教材分社电话：010 - 88191345　发行部电话：010 - 88191522
网址：www. esp. com. cn
电子邮件：houxiaoxia@ esp. com. cn
天猫网店：经济科学出版社旗舰店
网址：http://jjkxcbs. tmall. com
北京密兴印刷有限公司印装
710 × 1000　16 开　10.5 印张　190000 字
2016 年 10 月第 1 版　2016 年 10 月第 1 次印刷
ISBN 978 - 7 - 5141 - 6956 - 0　定价：32.00 元

国防经济学系列丛书

（"十二五"国家重点图书出版规划项目）

1. 《国防经济学》

    陈　波/主编，郝朝艳、佘冬平/副主编，2010 年 12 月出版，88.00 元

2. 《国防经济学前沿专题》

    陈　波/主编，郝朝艳、侯　娜/副主编，2010 年 12 月出版，35.00 元

3. 《冲突经济学原理》

    ［美］查尔斯·H·安德顿、约翰·K·卡特/著，郝朝艳、陈波/主译，

    2010 年 12 月出版，39.00 元

4. 《战争与和平经济理论》

    ［法］范妮·库仑/著，陈　波、阎　梁/主译，2010 年 12 月出版，39.00 元

5. 《国防采办的过程与政治》

    ［美］大卫·S·索伦森/著，陈　波、王沙骋/主译，2013 年 12 月出版，38.00 元

6. 《现代国防工业》

    ［美］理查德·A·毕辛格/主编，陈　波、郝朝艳/主译，2014 年 3 月出版，76.00 元

7. 《国防经济思想史》

    陈　波、刘　群等著，2014 年 4 月出版，78.00 元

8. *Arms Race, Military Expenditure and Economic Growth in India*

    Na Hou（侯娜）/著，2015 年 4 月出版，36.00 元

9. 《国防预算与财政管理》

    ［美］麦卡菲、琼　斯/著，陈　波、邱一鸣/主译，2015 年 5 月出版，72.00 元

10. 《城堡、战斗与炸弹：经济学如何解释军事史》

    ［美］于尔根·布劳尔、休帕特·万·蒂尔/著，陈　波等/译，

    2016 年 4 月出版，59.00 元

11. 《军事资本：模型、方法与测度》

    闫仲勇、陈　波/著，2016 年 10 月出版，32.00 元

12. 《和平经济学》

    ［美］于尔根·布劳尔、［英］保罗·邓恩/著，陈　波、侯娜/主译，

    2016 年 11 月出版，32.00 元

此系列丛书联系方式：

联系地址：北京市海淀区学院南路 39 号　中央财经大学国防经济与管理研究院

邮　　编：100081